LISA BIRITZ

MIT BILDERN VON PETRA KÜHNE

SCHAMANISCHES STERNENWISSEN

Begleitbuch zu den 44 Karten

Schirner Verlag

Wir verzichten auf das Einschweißen unserer Kartensets – **UNSERER UMWELT ZULIEBE!**

ISBN 978-3-8434-9212-6

Lisa Biritz & Petra Kühne
Schamanisches Sternenwissen

1. Auflage September 2023

Box, Karten & Begleitbuch: Anna Twele, Schirner, unter Verwendung von Illustrationen von Petra Kühne und #134833337 (© Waj), www.shutterstock.com
Illustrationen: © Petra Kühne, www.petralefaye.de
Lektorat: Ina Keller, Schirner
Printed & bound by: Ren Medien GmbH, Germany

www.schirner.com

INHALT

EINLEITUNG

Fragst du dich auch manchmal, ob es Außerirdische und Sternenwesen wirklich gibt? Möchtest du mehr darüber erfahren und erkennen, welche Bedeutung das Thema für dich und dein Leben hat? Warum es dich so fasziniert, auch wenn du es vielleicht sogar sonderbar findest?
Dieses Kartenset ermöglicht dir ein fundiertes Verständnis davon, was Sternenwesen sein können, basierend auf uraltem schamanischem Wissen. Dieses Wissen wird den Erkenntnissen der Wissenschaft, besonders der Astro- und Quantenphysik, gegenübergestellt. Vieles von dem, was unsere Urahnen und die der Naturvölker schon wussten, wird mittlerweile von der modernen Forschung bestätigt.

Nach altem indigenem Glauben haben die Menschen auf der Erde zusätzlich zu ihrem irdischen auch einen kosmischen Ursprung. Zum Beispiel sind die Ureinwohner Hawaiis davon überzeugt, dass ihre Vorfahren aus der Urzeit von Mu – Lemurien – von Bewohnern der Sternengruppierung der Plejaden abstammen. Das traditionelle hawaiianische *Makahiki-Festival* wird jährlich nach dem Stand der Plejaden – der 7 Schwestern (S. 68), die als Mütter der Menschheit gelten – ausgerichtet. Sobald sie mit bloßem Auge am Firmament zu sehen sind, wird das Fest gefeiert, an dem es um ihren Ursprung geht und um die Fülle des Lebens. Auch in Europa ist es möglich, die Plejaden zu beobachten. In der keltischen und der griechischen Mythologie spielen sie eine Rolle, genauso existiert eine Verbindung zu den Plejaden bei den Aborigines in Australien und den nord- und südamerikanischen Ureinwohnern. Aber nicht nur die Plejader, sondern auch andere Sternenzivilisationen gelten im schamanischen Weltbild als Urahnen der Menschen, zum Beispiel die Sirianer (S. 88), die Hathoren (S. 46) und viele weitere.

Umso faszinierender ist es, dass einige Wissenschaftler, inklusive des britischen Molekularbiologen Francis Harry Crick, der für seine DNS-Forschung mit dem Nobelpreis ausgezeichnet wurde, glauben, dass extraterrestrische Gene in die menschliche DNS eingebettet sind. Ausgehend von der DNS-Struktur lautet Dr. Cricks These, dass das Leben auf der Erde einst aus einem anderen Bereich in unserem Sonnensystem gekommen sein muss. In unserem Erbgut könnte also der Beweis dafür liegen, dass wir Hybride aus Mensch und Sternenwesen sind und unsere Urahnen aus fernen Galaxien stammen (DNS-Aktivierung, S. 32).

Seit jeher berichten unzählige Menschen weltweit davon, irgendwann in ihrem Leben einem kosmischen Geschöpf begegnet zu sein – sei es im Traum oder im Wachzustand. Viele Legenden und Mythen beschreiben zum Beispiel Götterwesen, die in fliegenden Objekten am Himmel erschienen sind. Auch alte Zeichnungen und Kunstwerke zeigen astronautenähnliche Geschöpfe und futuristische Fluggeräte. In Peru und Bolivien gibt es zahlreiche Geschichten über ein goldenes Boot, das aus dem Himmel kam. Das erste Buch Moses erzählt, dass die Söhne Gottes aus dem Himmel herabstiegen und Kinder mit Töchtern der Erde zeugten. Auch im Alten Testament ist im Zusammenhang mit Lamech von den »Wächtern des Himmels« die Rede.

Solche Erfahrungen mit Sternenwesen werden auch in der modernen Zeit beobachtet. Dr. John E. Mack, Professor der renommierten Harvard Medical School und Pulitzer-Preisträger, berichtete über Tausende Klienten, die von Begegnungen mit extraterrestrischen Geschöpfen erzählten – oder die glaubten, sie selbst seien Hybride und hätten ihren Ursprung in den Sternen (Sternenkind, S. 92). Ähnliche Erfahrungen machte der Historiker und Hypnotherapeut Dr. David M. Jacobs. Interessant bei den befragten Personen ist, dass alle Gesellschaftsgruppen vertreten waren, unabhängig vom Geschlecht, dem Alter, der Bildungs- und Einkommensschicht oder der Berufsgruppe, ob sie aus dem kleinsten Dorf oder einer Großstadt kamen, Bauern, Polizisten, Wissenschaftler oder Schüler waren. Die Statistik der Forscher weist darauf hin, dass vermutlich Millionen von Menschen global, ob in westlichen oder in Dritte-Welt-Ländern, während ihres Lebens in irgendeiner Form eine außerirdische Erfahrung machen. Da diese Menschen aber die für sie unerklärlichen Ereignisse oft nicht verstehen und einordnen können, schweifen sie entweder in die Welt der Science-Fiction ab und finden dort ein Ventil für ihr Erlebnis – oder sie verdrängen es und schweigen darüber.

Ist nicht das Leben an sich schon ein unerklärliches Phänomen? Genauso rätselhaft ist das Mysterium unserer Existenz und der des Universums. Richten wir in einer sternenklaren Nacht unseren Blick in den Himmel, sind wir beeindruckt von der gigantischen Größe der Milchstraße mit ihren Milliarden von funkelnden Sternen und der unendlichen Ferne der Galaxien. Es ist überwältigend, nicht erklär- und begreifbar. Über Zehntausende von Jahren hatten die Menschen Zeit, dieses Wunder in der Dunkelheit zu beobachten und zu studieren. Bis zur Entdeckung der Elektrizität war die Nacht wirklich Nacht, ohne blendende Lichter. Das Firmament leuchtete sichtbar – mit allen seinen Bewegungen. In der heutigen Zeit verbringen wir den Abend vor dem Fernseher, unsere Ahnen beobachteten stattdessen die Sterne. Es ist nicht verwunderlich, dass sich das astronomische Wissen der alten Kulturen mit der modernen Wissenschaft messen kann. Die heutige Forschung baut auf den frühen Beobachtungen auf. Vielleicht gibt es anhand des überlieferten schamanischen Wissens auch eine Erklärung für die Ereignisse, Erfahrungen und Gefühle, die viele Menschen mit dem Kosmos verbinden.

Dieses Kartenset unterstützt dich dabei, mehr über dich und die Welt jenseits unserer Erde zu erfahren und deinen Horizont hinaus ins Universum zu verschieben. Die Impulse und das Wissen stammen daher, was ich im Laufe mehrerer Jahrzehnte gelernt, erforscht und erfahren habe. Als junger Mensch hatte ich selbst zwei herausragende, absolut reale und wunderschöne Begegnungen mit Sternenwesen – einmal als kleines Kind und einmal in meinen Zwanzigern.* Ich habe damals nicht danach gesucht, sie haben sich plötzlich ereignet. Durch diese Begegnungen lernte ich, mein Bewusstsein zu erweitern, und mein Herz zu öffnen. Einige meiner wichtigsten Lehrer im Bereich des indigenen schamanischen Sternenwissens waren der Maya-Priester Hunbatz Men sowie unterschiedliche Eingeweihte im Huna-Schamanismus Hawaiis und dem indigenen Wissen der nordamerikanischen Ureinwohner.

---

* Wenn du mehr darüber erfahren möchtest, kannst du das auf meiner Homepage gern nachlesen *(lisarainbow.com/kosmische-familie.html).*

Ursprungsgeschichte

Faszinierend an den alten Kulturen der Maya oder der nord- und südamerikanischen Ureinwohner ist, dass sie alle ähnliche Ursprungsgeschichten der Menschheit erzählen. So sollen die kosmischen Geschöpfe aus dem Sternbild **Lyra** der antiksten Zivilisation in unserer Galaxie angehören und unsere ersten uns bekannten Sternenurahnen überhaupt sein. Der Hauptstern dieses Sternbildes ist 25 Lichtjahre von der Erde entfernt, und es enthält mit 11,2 Milliarden Jahren das älteste bekannte Planetensystem im Keppler-444. Dieses ist fast zweieinhalbmal so alt wie unser Sonnensystem. Als ihre Kultur unterging, retteten sich die verbliebenen Lyraner (S. 62), indem sie sich in die Reinkarnationszyklen der Bewohner anderer Sternensysteme wie der Plejaden, Sirius und Orion mischten. Die **Plejaden** wiederum sind eine Gruppe von mehr als 800 Sternen, die sich zwischen 400 und 440 Lichtjahren von uns entfernt befinden und von fast überall auf der Erde mit bloßem Auge erkennbar sind. Die Plejader gelten als die Sternenwesen, die sich als Erste direkt mit unseren Vorfahren auf unserem Blauen Planeten mischten (Plejaden & die 7 Schwestern, S. 68). Die Legenden darüber sind mit über 100.000 Jahren die ältesten Geschichten über die Entstehung des Menschen.

Der erste Ort auf der Erde, an dem unsere mit plejadischen Geschöpfen verbundenen Ahnen lebten, soll

Lemuria oder Mu gewesen sein. Hawaii und die südpazifischen Inseln sind davon der letzte Überrest (Lemuria & Atlantis, S. 56). Denn wie überall im Universum folgte bei jener Hochkultur einem Zyklus des Erblühens eine Zeit des Zerfalls, des Untergangs.

KOSMISCHE FAMILIE

Aber auch andere Sternenwesen gelten als unsere Urahnen. In diesem Kartenset lernst du verschiedene extraterrestrische Zivilisationen aus dem schamanischen Sternenwissen kennen, etwa die **Orioner** (S. 66), **Arkturianer** (S. 24) und **Andromedaner** (S. 22). Die Informationen über die Sterne und unsere Verwandten im Universum sind seit jeher tief im schamanischen und indigenen Wissen verankert. So ist etwa in den alten indigenen Kulturen Nord- und Südamerikas von 12 Planeten mit menschenähnlichem Leben in anderen Sonnensystemen die Rede. Zudem werden 144 Paralleluniversen beschrieben. Auch im schamanischen Ursprung des tibetischen Buddhismus wird über unsere Sternenverwandten gelehrt. Eine Studie der NASA schätzt, dass es bis zu 10 Milliarden erdähnliche Planeten in unserer Galaxie geben könnte.
Was in schamanischen Kreisen bereits lange bekannt ist, wird seit Anfang des 21. Jahrhunderts immer mehr gesellschaftlicher Konsens: Kosmische Geschöpfe existieren. Der weltberühmte Physiker

Stephen Hawking zum Beispiel begann 2010 mit einer Dokumentarserie für den *Discovery Channel*. In dieser beschäftigt er sich mit der Frage, ob andere Lebensformen im Universum vorkommen. Die Vereinten Nationen haben einen Beamten ernannt, der den Erstkontakt mit extraterrestrischem Leben herstellen soll. Und die renommierte Princeton University in New Jersey bietet seit ein paar Jahren als Studienrichtung »Planeten und Leben« an.

Es gibt beseelte Lebewesen in anderen Welten, und wir können zwar nicht physisch, aber telepathisch mit ihnen Kontakt aufnehmen (S. 102). Dem überlieferten schamanischen Sternenwissen nach sollen viele der Wesen auf diesen Planeten oder in diesen galaktischen Bereichen in einer äußerst hohen Frequenz vibrieren. Sie existieren in einer höheren, feinstofflicheren Ebene als die Menschen, die sich auf der Erde zwischen der 1. und 3. Dimension bewegen (Dimensionen, S. 30). Laut dem schamanischen Sternenwissen kontaktieren uns in der aktuellen Zeit vermehrt hoch entwickelte, wohlwollende kosmische Geschöpfe, um uns durch die Herausforderungen der globalen Veränderungen zu begleiten.

Das indigene astronomische Wissen kann uns dabei unterstützen, den weltweiten Umbruch zu verstehen, in dem wir uns gerade befinden. Aus schamanischer Sicht finden gegenwärtig einige der wohl bedeutendsten astronomischen Großereignisse synchron statt. Diese geschehen nur alle 11.000, 26.000 und 35 Millionen Jahre und wirken sich mit enormen physischen Kräften auf die Erde aus: die galaktische Ausrichtung (S. 38), die Durchquerung der galaktischen Ebene sowie die Bewegung durch den plejadischen Strahlengürtel (S. 72).*

Faszinierend dabei ist, dass die Hopi, die Maya und andere Kulturen diese kosmischen Großereignisse mithilfe ihres Verständnisses von Astronomie schon vor Tausenden von Jahren voraussagen konnten. Viele ihrer Prophezeiungen beschreiben sie als Ende eines Zyklus und als Anfang von etwas Neuem. Danach soll die Frequenz der Erde gesteigert werden, ebenso das Bewusstsein der Menschen als Teil des Blauen Planeten (Aufstieg, S. 26). Die enorme Strahlkraft des plejadischen Strahlengürtels (S. 72), durch den sich die Erde die nächsten 2000 Jahre bewegt, leuchtet in jeden Winkel, jeden

* Diese zu erklären, würde hier den Rahmen sprengen, deshalb habe ich sie auf meiner Homepage ausführlich erläutert: *lisarainbow.com/kosmische-ereignisse.html*

Schattenbereich, was die vielen Umwälzungen und Herausforderungen erklärt, die die Menschheit zurzeit zu bewältigen hat – sowohl kollektiv als auch individuell. Dies macht auch verständlich, weshalb manche Menschen diese Zeit mit mehr, andere mit weniger Schwierigkeiten durchleben – je nachdem, wie viel ein Individuum sich bereits mit seinen Schattenbereichen auseinandergesetzt hat. Gleichzeitig hilft gerade die hohe Energie des plejadischen Lichtgürtels dabei, Schattenthemen sehr schnell aufzulösen.

Diese astronomischen Phänomene sind längere Prozesse, und ihr Verlauf spiegelt sich in der Entwicklung der Menschheit und des menschlichen Bewusstseins wider. In den Prophezeiungen der Hopi tragen solche Übergangsphasen sogar einen eigenen Namen: *koyaanisqatsi*. Sie stehen für ein Leben außerhalb des Gleichgewichts, für Zerfall und Korruption, für eine Lebensweise, die nach Umwälzung ruft. So, wie die Natur zyklisch verläuft, ist es auch mit Kulturen: Erst blühen sie auf, dann folgt ihr Verfall, danach die Zeit der Reinigung. Schließlich beginnt wieder etwas Neues. Was wichtig ist, wird bleiben. Was unwichtig ist, wird verschwinden.

WELCHE BEDEUTUNG HAT DAS SCHAMANISCHE STERNENWISSEN FÜR DEIN LEBEN?

Die Weisheit des Sternenwissens gibt den aktuellen Weltereignissen einen Sinn und macht den Wandel, in dem wir uns alle befinden, verständlicher. In einer Welt, die immer technologisierter und lebensfremder wird, richten die Menschen ihren Blick wieder ins Universum, öffnen die Grenzen ihres Bewusstseins und suchen ihren Platz in den großen, zyklischen Zusammenhängen des Kosmos.
Das alte Wissen hilft dir, die Spannung dieser Zeit zu verstehen, und unterstützt dich dabei, dich und deine Lieben sicher durch sie hindurchzubringen. Außerdem zeigt es dir, wo in diesem Wandel dein Platz ist und worin dein Beitrag besteht. Jeder, der gegenwärtig auf der Erde lebt, erfüllt einen wichtigen Zweck. Es hat einen Grund, weshalb du zu dieser Zeit der Transformation auf der Erde inkarniert bist. Erfahre und lebe deine Aufgabe (Sternenkind-Erwachen, S. 94).

Du erkennst durch dieses Kartenset, ob du ein **»Starseed«** (Sternenkind, S. 92) bist, ob du eine ursprüngliche **Sternen- und Spiritfamilie** (Sternenursprung, S. 98) hast und wie du mit dieser Kontakt aufnehmen kannst. Es ist hilfreich, die eigene Verbindung zu an-

deren Sternenzivilisationen kennenzulernen, denn in ihr ist viel Wissen gespeichert, das aktiviert werden kann. Zu erfahren, wo deine Essenz geboren wurde, ob auf der Erde oder woanders im Universum, kann dir deutlich machen, was dich im Leben bewegt. Dadurch offenbart sich dir dein Seelensinn und, aus welchem Grund du jetzt auf der Erde bist.
Außerdem aktivierst du in verschiedenen Übungen deine **12 DNS-Stränge** (S. 32). In der sogenannten ruhenden DNS, die etwa 97 % deiner DNS ausmacht, liegt dein evolutionäres Potenzial. Mithilfe der Übungen kannst du es befreien, entfalten und leben. Wenn du es erweckst, bekommst du einen Energieschub und erlebst dich tief eingebunden in das Geheimnis und Wunder des Lebens und des Universums. Du heilst dich selbst – und somit auch die Welt beim Aufstieg. Dadurch lebst du deine einzigartigen Fähigkeiten und Gaben.
Das Kartenset betrachtet auch die sogenannten negativen Aliens (S. 64), vor denen viele Menschen Angst haben, doch du lernst mithilfe des Sets, dich vor ihren dunklen Energien zu schützen (S. 84). Du erfährst außerdem etwas über Implantate (S. 50) und befreist dich von ihnen. Dafür führst du in Übungen eine schamanische Extraktion von störenden Fremdenergien durch, die dich in der negativen Weltmatrix gefangen halten, die gegenwärtig stark zu spüren ist. Durch diese Befreiung erkennst du, dass niemand Macht

über dich hat und dass du in deiner vollen Kraft bist. Du lebst klar und selbstbestimmt in deiner eigenen, positiven Matrix, und dir stehen all deine Energien zur Verfügung – dein volles Potenzial wird freigelegt. Dein **Herz** öffnet sich, und du erkennst dich als das kosmische, universelle Wesen, das du bist.

LEGEMETHODEN

Aus allen Karten eine Botschaft wählen

Stelle zu jedem Thema in deinem Leben eine Frage, und erhalte mithilfe der Karten eine Antwort – so oft und wann auch immer du möchtest. Frage zum Beispiel: »Was sind meine nächsten Schritte?«, »Wie finde ich erfüllte Liebe?«, »Wie werde ich wieder gesund?« oder »Was ist mein Lebenssinn?« Mische dazu das Set, lege die Karten verdeckt ausgebreitet vor dich, und ziehe intuitiv eine Karte. Beobachte deinen ersten Impuls beim Betrachten der Vorderseite. Der Text im Begleitbuch und die Übung sind als zusätzliche Unterstützung gedacht.

Eine Tageskarte ziehen

Möchtest du einen Impuls erhalten, der dich durch deinen Tag begleitet und dir Kraft gibt, dann mische das Set, lege die Karten verdeckt ausgebreitet vor dich, und ziehe intuitiv eine Karte. Drehe sie um, lasse ihre Energie auf dich wirken und dich von ihr durch den Tag führen. Der Text im Begleitbuch und die Übung sind als zusätzliche Unterstützung gedacht.

Die Sternengruppen-Legung

In diesem Kartenset werden 14 Sternengruppen vorgestellt, die archaische Eigenschaften aufweisen, zum Beispiel Mut, Empathie, Schönheitssinn, Weisheit, Liebe, Heilkraft, Wissen oder Spiritualität. Es gibt weitaus mehr als 14 Sternengruppen, doch konzentrieren wir uns in diesem Set auf folgende:
Andromedaner, Arkturianer, Engel, Goldene Delfine, Hathoren und Venusianer, Hybride Lichtarbeiter, Lemurianer und Atlantianer, Lyraner, Weganer und Felidae, Negative Aliens, Orioner und Mintakaner, Plejadier, Reptilianer und Draconianer, Sirianer.

Sortiere die Karten nach diesen Sternengruppen, und lege die Stapel offen ausgebreitet vor dich. Wenn es dich zu einer der Karten hinzieht, arbeite mit ihrer Energie, indem du darüber meditierst. Frage, ob du selbst zu dieser Sternengruppe gehörst, einmal dort inkarniert warst und wie du die entsprechenden Eigenschaften in dir wieder aktivieren kannst. Vielleicht geht es auch darum, von dieser Sternengruppe Energie zu erhalten oder mit ihr in einen intensiven Kommunikationsaustausch zu gehen. Der Text im Begleitbuch und die Übung sind als zusätzliche Un-

terstützung gedacht. Auf diese Weise wirst du den jeweiligen Sternenwesen telepathisch begegnen. Wundere dich nicht, wenn diese anders aussehen als auf den Karten. Diese Abbildungen zeigen, wie die Künstlerin die Energien der jeweiligen Sternenwesen wahrgenommen hat. Die extraterrestrische Energie wird sich dir auf eine Weise zeigen, die sich für dich beruhigend anfühlt – vielleicht als Gestalt oder nur als eine Lichterscheinung. Aus diesem Grund gibt es so viele verschiedene Berichte darüber, wie die verschiedenen Sternenwesen aussehen. Es gibt kein Richtig oder Falsch.
Dasselbe betrifft auch die Erscheinung von Sternenkindern auf der Erde selbst: Sie ist nicht an die Dreidimensionalität des Lebens gebunden. Seelen wählen auf der Grundlage ihres Karmas und vorgegebener Lebenserfahrungen einen Körper, ein Gefäß zum Inkarnieren, aus. Ob groß, klein, dunkel, hell, dünn, füllig – jeder Mensch kann Sternenenergie in seiner DNS haben.

Möglicherweise hast du das Gefühl, selbst ein Mischwesen zu sein und deinen Ursprung in den Sternen zu haben (Sternenkind, S. 92). Vielleicht hast du auch auf eine bestimmte Art bereits eine Begegnung mit anderen Sternenwelten und -wesen gehabt. Wenn es dich magisch zu diesem Thema hinzieht, sei dir gewiss: Du bist damit nicht allein, du bist nicht sonderbar und kein Einzelfall – im Gegenteil. Willkommen in der kosmischen Familie, und viel Freude beim Erforschen ihrer und damit auch deiner Welten!

DIE KARTEN

Andromedaner

Du bist frei.

Diese liebevolle, telepathische Sternengruppe stammt aus der spiralförmigen Andromedagalaxie, auch bekannt als M31. Mit etwa 2,5 Millionen Lichtjahren Entfernung ist sie die erdnächste Galaxie und ist mit bloßem Auge sichtbar. Das gleichnamige Sternbild, in dem sich die Galaxie befindet, wurde nach Andromeda benannt, einer Prinzessin von Äthiopien. Der griechischen Mythologie zufolge bewahrte der Held Perseus sie vor der Opferung durch ihren Vater Kepheus an das Meeresungeheuer Ketus.
Andromedaner haben eine Mission: allen noch physisch und mental versklavten Wesen Freiheit, Frieden und Liebe zu bringen. Sie wollen das Bewusstsein, die Eigenverantwortung und die Selbstbestimmung erhöhen. Andromedawesen sind herzzentriert und intellektuell fortgeschritten. Dieses Gleichgewicht der linken und rechten Gehirnhälfte verleiht ihnen eine einzigartige Position im Universum. Sie sind in allen Berufen vertreten, vor allem aber in der Wissenschaft und der Kunst.

Daran erkennst du, ob du ein andromedanischer Starseed bist:
Du agierst sowohl kreativ als auch logisch. Freiheit und Gleichheit sind dir sehr wichtig. Es fällt dir leicht,

zu lehren und andere zu inspirieren. Du hast dich möglicherweise auf natürliche Weise von einer als unheilbar geltenden Krankheit geheilt. Deine weiblichen und deine männlichen Aspekte sind in Balance.

Übung
Setze oder lege dich an einen ruhigen Ort, und entspanne dich. Atme ein paarmal tief ein und aus, und schließe deine Augen. Richte deinen inneren Blick in die Weite des Universums. Bitte nun darum, mit andromedanischen Sternenwesen oder Energien in Kontakt zu kommen, und frage diese, ob du einen andromedanischen Hintergrund hast. Begrüße die Sternenwesen und Energien, die dir erscheinen. Wie fühlst du dich gerade? Was nimmst du wahr? Erkundige dich, was zum jetzigen Zeitpunkt ihre Botschaft für dich ist. Welche Fähigkeiten und Qualitäten sollen in dir erweckt werden? Was sind deine nächsten Schritte? Beobachte, was geschieht. Wenn du etwas nicht verstehst, frage die Sternenwesen danach. Erlebe ihre Präsenz so lange, wie du möchtest. Wenn du bereit bist, zurückzukommen, bedanke dich bei ihnen und dem Kosmos. Lege deine Hände auf dein Herz, und richte deine Aufmerksamkeit auf deinen Körper. Komme wieder ins Hier und Jetzt, und öffne deine Augen.

ARKTURIANER

Setze deine Pläne und Visionen um.

Diese Sternengruppe stammt von Arktur, einem Roten Riesen mit großer Strahlkraft. Arktur ist der hellste Stern nördlich des Himmelsäquators, und seine Masse ist 25-mal größer als die der Sonne. Arcturus wird mit der griechischen Mythologie in Verbindung gebracht. Arcas, Sohn von Zeus, König und Jäger, war im Begriff, seine Mutter zu töten. Zeus wandte das Schicksal jedoch ab, indem er Arcas in das Sternbild »Bärenwächter« und seine Mutter in das Sternbild »Ursa major« verwandelte.
Arkturianer gelten als geborene Anführer mit starker Persönlichkeit, die ihre Autorität für den Fortschritt und das Allgemeinwohl einsetzen. Arkturianische Starseeds finden sich in den Bereichen der Technik, der Wissenschaft, der Architektur und der Politik, in denen logisch denken sehr wichtig ist. Sie sind willensstarke Wesen und übernehmen gern Verantwortung.

Daran erkennst du, ob du ein arkturianischer Starseed bist:
Du hast einen tiefen Drang, dysfunktionale Systeme, in denen Ungerechtigkeiten herrschen, zu reparieren. Du möchtest in einer Welt leben, in der sich Spiritualität und Wissenschaft vereinen. Dich interessiert die

mathematische Seite der Spiritualität, die sich zum Beispiel in der heiligen Geometrie äußert, da alles im Universum auf geometrischen Mustern aufgebaut ist. Du bist ein natürlicher Anführer, ein guter Redner, und Menschen vertrauen dir und deinen Entscheidungen. Du organisierst gut und denkst logisch. Erfolg ist dir wichtig.

Übung
Setze oder lege dich an einen ruhigen Ort, und entspanne dich. Atme ein paarmal tief ein und aus, und schließe deine Augen. Richte deinen inneren Blick in die Weite des Universums. Bitte nun darum, mit arkturianischen Sternenwesen oder Energien in Kontakt zu kommen, und frage diese, ob du einen arkturianischen Hintergrund hast. Begrüße die Sternenwesen und Energien, die dir erscheinen. Wie fühlst du dich gerade? Was nimmst du wahr? Frage, was zum jetzigen Zeitpunkt ihre Botschaft für dich ist. Welche Fähigkeiten und Qualitäten sollen in dir erweckt werden? Was sind deine nächsten Schritte? Beobachte, was geschieht. Wenn du etwas nicht verstehst, frage die Sternenwesen danach. Erlebe ihre Präsenz so lange, wie du möchtest. Wenn du bereit bist, zurückzukommen, bedanke dich bei ihnen und dem Kosmos. Lege deine Hände auf dein Herz, und richte deine Aufmerksamkeit auf deinen Körper. Komme wieder ins Hier und Jetzt, und öffne deine Augen.

Aufstieg

Sei du die Veränderung,
die du dir für die Welt wünschst.

Die Erde steuert gegenwärtig auf eine neue evolutionäre Phase zu, die viele alte indigene Kulturen wie die Maya oder Hopi bereits vor Tausenden von Jahren anhand ihres astronomischen Wissens vorausgesagt haben. Auslöser dieser Zeitenwende ist die Bewegung der Erde durch den plejadischen Licht- oder Photonengürtel, die Ende des 20. Jahrhunderts begonnen hat. Diese Phase wird oft als Aufstieg, goldenes Zeitalter, Zeitenwende, Nullpunkt, Überschreiten der Schwelle, Öffnung des Portals in die neue Zeit oder als Dimensionswechsel von der dritten zur fünften und zur siebten Dimension beschrieben. Das Licht des Photonengürtels leuchtet dabei in jeden Winkel, jeden Schattenbereich, was die vielen Herausforderungen erklärt, die die Menschheit zurzeit zu bewältigen hat – sowohl kollektiv als auch individuell. Alles, was der neuen, höheren Schwingung des Lichts und der Liebe des Photonengürtels nicht mehr entspricht, wird sich auflösen und zu Staub zerfallen. Übrig bleiben nur die höheren Energien, Seinsformen und Systeme. Bei diesem Prozess, der als Schwingungserhöhung und Lichtkörperprozess bekannt ist, geht es um die Erweiterung des Bewusstseins und eine neue Art, zu sein. Unsere reine Essenz wird immer lichter.

Hier sind einige typische Anzeichen dafür, dass du dich im Aufstieg befindest:
Du fühlst Weite, Zeitlosigkeit und Frieden. Du empfindest Liebe und Mitgefühl für alles Leben. Du erlebst Synchronizität und Zeichen, manchmal auch in Träumen, die dir den Weg weisen und ihn bestätigen. Du bist authentisch, genau wie deine Beziehungen. Du erlebst eine erhöhte Kreativität. Du kennst deinen Lebenssinn.

Übung
Setze oder lege dich hin. Atme entspannt, und beobachte einen Moment deinen Atem: wie er bei jedem Ausatmen aus deiner Nase hinaus- und bei jedem Einatmen durch Mund oder Nase in dich hereinströmt. Du wirst merken, dass dir nach kurzer Zeit wahllose Gedanken durch den Kopf gehen. Setze diese Gedanken auf eine Wolke, und lasse sie mit ihr davonziehen. Komme mit deiner Aufmerksamkeit immer wieder zurück zu deinem Atem. Atme etwas intensiver, wenn es dir hilft, dich zu konzentrieren. Lasse nach einer Weile auch die Konzentration los, und entspanne dich. Sei einfach, und genieße es! Auf diese Weise fällt alles Unwesentliche von dir ab, und deine Schwingung erhöht sich.

DELFINE, WALE & DIE MER

Folge dem Ruf der Delfine und Wale.

Laut altem indigenem Wissen sind Delfine und Wale neben den Menschen die einzigen Geschöpfe der Erde mit Sternenursprung – daher sind ihre Intelligenz, ihre Weisheit und ihr Mitgefühl so ausgeprägt. Sirius, der hellste Stern am irdischen Himmel, soll dem Wissen des Dogon-Stammes Afrikas zufolge von einem Wasserplaneten umkreist werden, der die Heimat der Delfine, Wale und Merwesen ist.

Aber auch die Hopi und andere Indianerstämme in Nord- und Südamerika sowie verschiedene Gruppen der Aborigines beschreiben Wale und Delfine als Lebewesen, die nicht von dieser Welt stammen. Als Engel und Heiler der Meere sind sie Bindeglieder zu versunkenen Kontinenten wie Lemuria und Atlantis. Da Delfine und Wale zu den ältesten Säugetieren der Welt zählen und ihre Weisheit die aller anderen Lebewesen übertrifft, hat sie die spirituelle Welt dazu auserwählt, die versunkenen Kontinente zu bewachen. In manchen Mythen heißt es sogar, dass sie beim Untergang von Lemuria und Atlantis vom Land ins Wasser zurückgekehrt und deshalb die Weisheitsträger dieser alten Zivilisationen seien. Meerjungfrauen und die Mer, zu denen neben den Meermenschen auch die Nixen gehören, sind die Hüter der Gewässer und besitzen eine hohe, universelle Intelligenz – ebenso wie Delfine und Wale, mit denen sie viel Zeit verbringen. Deshalb werden sie manchmal zusammen mit den fröhlichen Meeressäugern gesichtet.

Übung

Komme zur Ruhe. Schließe deine Augen, wenn du möchtest. Nimm jetzt telepathisch Kontakt mit den Delfinen und Walen auf. Dafür rufst und begrüßt du sie. Vielleicht erscheinen sie vor deinem inneren Auge, oder du fühlst ihre Präsenz. Frage die Wale, Delfine und Merwesen, welche Botschaft sie dir bringen. Du kannst sie auch um Hilfe bei der Erfüllung deiner Wünsche bitten. Als die Lichtarbeiter, die sie sind, geben dir die Engel der Meere gern Hinweise und Antworten. Nimm dir genug Zeit, mit ihnen auf diese Weise zu kommunizieren, und genieße ihre Anwesenheit. Bedanke dich schließlich, und komme in deinem Tempo wieder zurück in deinen Alltag.

DIMENSIONEN

Du bist ein multidimensionales Wesen.

Sternenwesen existieren laut indigenem schamanischem Wissen häufig in anderen Dimensionen als wir Menschen, da sie in einer höheren, feinstofflicheren Frequenz schwingen. Das ist der Grund, weshalb wir unsere kosmischen Mitbewohner nicht sehen können, denn unsere Sinnesorgane sind dafür nicht ausgestattet. Wir können sie aber auf telepathischer Ebene wahrnehmen. Nach Einsteins Relativitätstheorie sind Masse und Energie dasselbe. Wir bestehen in unserer Essenz also aus Licht. Daher haben wir auch zu anderen Dimensionen Zugang. Laut einigen Wissenschaftlern existieren 10 Dimensionen in unserem Universum – die verschiedenen Facetten dessen, was wir als Realität wahrnehmen. Die 3 Dimensionen, in denen wir uns auf der Erde bewegen, bezeichnen Länge, Breite und Tiefe. Zeit beeinflusst als 4. Dimension die Materie. Die Superstringtheorie beschäftigt sich mit den weiteren Dimensionen, mit anderen Welten und Paralleluniversen. Wenn eine Zivilisation sich in einer höheren Dimension bewegt, können deren Lebewesen theoretisch in der Zeit zurückreisen oder in andere Zukünfte gehen, sogar überall gleichzeitig sein. Manche Quantenphysiker sagen, dass in der 10. Dimension – die im Schamanismus ehrfürchtig »das Große Geheimnis« genannt wird – Gott wohnt.

Übung

Setze oder lege dich an einen friedlichen Ort. Komme zur Ruhe. Atme ein paarmal tief ein und aus, und schließe deine Augen. Nimm deinen Körper wahr, wie er liegt. Lasse deine Aufmerksamkeit tief in dein Inneres sinken, an den Ort deiner reinen Essenz: Das bist du, jenseits von deinem Geschlecht und deiner Herkunft. Was ist dein reines Wesen? Fühle tief in dich hinein. Öffne deine Essenz für das Universum, lasse alle Vorstellungen von Raum und Zeit los. Möglicherweise wirst du dich nun an einem anderen Ort in einer fernen Galaxie wiederfinden – lasse es zu. Erlebe, nimm wahr. Frage das Universum, weshalb du in diesem Leben eine Inkarnation in den 3 Dimensionen auf der Erde gewählt hast. Was ist deine Aufgabe auf der Erde? Du bist ein Funken ein und derselben Quelle, der alles Leben in all seinen Manifestationen im Universum entspringt. Nimm diese Quelle wahr. Werde nun mit dem gesamten Universum eins. Erlebe es so lange, wie du möchtest. Wenn du bereit bist, zurückzukommen, lege deine Hände auf dein Herz und richte deine Aufmerksamkeit auf deinen Körper. Komme wieder im Hier und Jetzt an, und öffne deine Augen.

DNS-AKTIVIERUNG

Lebe dein volles Potenzial.

Deine DNS enthält als Blaupause deines Lebens die genetischen Erbinformationen deines Aussehens, deiner Instinkte, Eigenschaften und Fähigkeiten. Sie ist im Kern jeder Zelle vorhanden. Die Doppelhelix mit ihren 2 Strängen sieht unter dem Mikroskop aus wie eine verdrehte Leiter. Faszinierend ist, dass wir nur etwa 3 % unseres Erbguts verwenden. Der größte Teil, etwa 97 %, ist inaktiv. Die Wissenschaft nannte das lange Zeit *junk-DNA* – Müll-DNS. Erst seit Kurzem vermuten Forscher, dass sich darin unser evolutionäres Entwicklungspotenzial befindet, und nun wird es *dormant-DNA* – ruhende DNS – genannt. Einige DNS-Wissenschaftler glauben, dass extraterrestrische Gene und außerirdisches Wissen in diesen 97 % des menschlichen Genoms eingebettet sind. In ihnen schlummert also dein kosmisches Erbe, das es zu befreien, zu erwecken und zu leben gilt. Die Sternensaat-DNS in unserem menschlichen Körper ist wie ein verborgener Schatz. Hebst du ihn, lebst du dein Potenzial, bekommst einen Energieschub und erinnerst dich an deinen Seelenzweck, deine Lebensaufgabe.

Übung

Setze oder lege dich an einen friedlichen Ort. Komme zur Ruhe, entspanne dich, und schließe deine Augen. Stelle dir nun vor, dass aus deinen Füßen Wurzeln tief in die Erde wachsen. Atme tief ein und aus, und spüre, wie die Erdenergie in dich hereinströmt, durch deinen ganzen Körper, und ihn reinigt. Visualisiere eine Handbreit über deinem Kopf deinen Seelenstern, der dich mit dem Universum und deinen Sternenahnen verbindet. Nimm wahr, wie das Licht von dort über deinen Kopf durch deinen ganzen Körper fließt und ihn auflädt. Verbinde nun die Erdenergie und das Sternenlicht in deinem Herzen. Lasse es von dort aus deinen ganzen Körper erleuchten, jede Zelle, bis es dich vollkommen umhüllt. Nimm dir Zeit, wahrzunehmen, wie diese vibrierende Energie deinen tiefsten Zellkern und deine noch ruhende DNS erleuchtet und aktiviert. Wie fühlst du dich jetzt? Bekommst du Bilder, Informationen? Wer bist du, und weshalb bist du zu dieser Zeit hier auf der Erde? Welche Fähigkeiten und Qualitäten sollen in dir erweckt werden? Was sind deine nächsten Schritte? Beobachte, was geschieht. Erlebe diesen Zustand so lange, wie du möchtest. Wenn du bereit bist, zurückzukommen, lege deine Hände auf dein Herz und richte deine Aufmerksamkeit auf deinen Körper. Komme wieder im Hier und Jetzt an, und öffne deine Augen.

DNS-STIMULIERUNG

Erwache!

Unser Gehirn besteht zu 80 % aus Wasser und weist 100 Milliarden Nervenzellen auf. Bis heute ist es zum Großteil für die Wissenschaft ein Rätsel. Dieser Hochleistungscomputer koordiniert alle Zellen und Funktionen in unserem Körper und schläft niemals. Eine einzige Nervenzelle kann bis zu 10.000 Verbindungen zu anderen Neuronen herstellen und bis zu 200 Vorgänge pro Sekunde gleichzeitig ausführen. Das entspricht einer Computerleistung von 10 Teraflops – ungefähr der Datenmenge von 2.100 DVDs, die alle innerhalb einer Sekunde abgespielt werden. Würde man unsere Erinnerungsleistung auf CD-Rom brennen und die Datenträger stapeln, würde sich ein Turm ergeben, der über 16 km hoch ist – fast doppelt so hoch wie der Mount Everest. Etwas zieht uns hinaus ins Universum. Es ist die Richtung, in die sich die menschliche Evolution und die Weiterentwicklung der Technik scheinbar von selbst bewegen. Vor nur 200 Jahren flogen wir zum ersten Mal, nun können wir bereits ins All reisen. Vielleicht ermöglicht uns das Erwachen eines Wissens, das in unserer DNS schlummert, diese gewaltigen Entwicklungsschübe – denn in den »ruhenden« 97 % unserer Gene befindet sich laut der Wissenschaft unser evolutionäres Entwicklungspotenzial.

Übung

Setze oder lege dich an einen friedlichen Ort. Komme zur Ruhe, entspanne dich. Atme ein paarmal tief ein und aus, und schließe deine Augen. Dein Gesicht entspannt sich Schritt für Schritt – erst deine Stirn, deine Muskeln und deine Augen, dann auch deine Kopfhaut. Unter deiner Kopfhaut entspannt sich nun dein Gehirn. Die Gehirnwindungen werden weich. Bedanke dich bei deinem Gehirn für die guten Dienste, die es dir bereits geleistet hat und zukünftig noch leisten wird. Bitte es jetzt, in deinem Körper deine ruhende DNS zu aktivieren, zu stimulieren – so viel, wie zum jetzigen Zeitpunkt für deine evolutionäre Entwicklung gut ist. Nimm dir Zeit, wahrzunehmen, wie sich das anfühlt. Bekommst du Bilder, Informationen? Vielleicht erhältst du sogar Hinweise auf eine Zukunft der menschlichen Spezies. Beobachte, was geschieht. Erlebe diesen Zustand so lange, wie du möchtest. Wenn du bereit bist, zurückzukommen, lege deine Hände auf deinen Bauch. Komme wieder im Hier und Jetzt an, und öffne deine Augen.

ENGEL

Du bist Licht.

Es gibt keine eindeutigen Überlieferungen dazu, wo genau die Engel herkommen – außer, dass sie aus dem Himmel stammen. Ist der Himmel das für die Menschen sichtbare und messbare Universum? Oder befindet sich der Himmel in anderen Dimensionen, die Physiker nur mit mathematischen Formeln erfassen können? Vermutlich beides. Also ist das Zuhause der Engel wohl überall. Sie kommen in allen Kulturen und allen Zeitepochen vor und werden meist als Wesen mit Flügeln und einem hellen Schein dargestellt. Sind Engel also Sternenwesen? Ja und nein. Zum einen kommen sie aus dem Kosmos, zum anderen gibt es sie überall und immer. Sie scheinen sich augenblicklich von einer Dimension in die nächste zu bewegen und können an mehreren Orten gleichzeitig sein. Sie sind die Meister der feinstofflicheren Sphären. Sie sind da, um auf jede erdenkliche Art zu helfen und Licht zu bringen.

Daran erkennst du, ob du ein Erdenengel bist:
Du bist zutiefst empathisch und hochsensibel. Zudem hilfst du gern. Es fällt dir schwer, Nein zu sagen und Grenzen zu setzen. Du bist gutmütig und verletzlich. Laute Geräusche sind für dich anstrengend. Kinder und Tiere fühlen sich zu dir hingezogen.

Übung

Setze oder lege dich an einen friedlichen Ort. Komme zur Ruhe, entspanne dich. Atme ein paarmal tief ein und aus, und schließe deine Augen. Richte deinen inneren Blick in die Weite des Universums, in den Sternenhimmel. Bitte nun darum, mit Engeln in Kontakt zu kommen, und frage diese, ob du ein Erdenengel bist. Begrüße die Engel, die dir erscheinen. Wie fühlst du dich gerade? Was nimmst du wahr? Frage, was zum jetzigen Zeitpunkt ihre Botschaft für dich ist. Welche Fähigkeiten und Qualitäten sollen in dir erweckt werden? Was sind deine nächsten Schritte? Beobachte, was geschieht. Wenn du etwas nicht verstehst, frage die Engel danach. Erlebe ihre Präsenz so lange, wie du möchtest. Wenn du bereit bist, zurückzukommen, bedanke dich bei den Engeln und dem Kosmos. Lege deine Hände auf dein Herz, und richte deine Aufmerksamkeit auf deinen Körper. Komme wieder im Hier und Jetzt an, und öffne deine Augen.

GALAKTISCHE AUSRICHTUNG

Erfahre, weshalb du zu dieser Zeit des Wandels hier auf Erden lebst.

Wir befinden uns in eine Zeitenwende, die aus schamanischer Sicht von mehreren astronomischen Ereignissen verursacht wird. Diese finden zyklisch alle 11.000, 26.000 und 35 Millionen Jahre statt, und die physischen Kräfte, die dabei auf unseren Planeten einwirken, sind gewaltig: die »Galaktische Ausrichtung« und die »Durchquerung der galaktischen Ebene« sowie die »Bewegung durch den plejadischen Photonengürtel«.*

Diese Bewegungen im Universum wurden von den Maya, Hopi und anderen Kulturen anhand ihrer Astronomie schon vor Tausenden von Jahren errechnet. Diese langwierigen Prozesse beeinflussen auch die Entfaltung der Menschheit. Schamanische Überlieferungen sagen sie als Umbruchszeiten voraus, als Frequenzerhöhung der Erde und ihres Bewusstseins. Jeder, der im Augenblick auf der Erde lebt, erfüllt einen wichtigen Zweck. Es hat einen Grund, weshalb du zu dieser Zeit des Wandels hier auf Erden lebst. Erfahre und lebe deine Aufgabe, deinen Sinn.

* Sie sind komplex, deshalb bin ich tiefer auf meiner Homepage darauf eingegangen: lisarainbow.com/kosmische-ereignisse.html.

Übung

Setze dich an einem friedlichen Ort hin, und komme zur Ruhe. Schließe deine Augen, und visualisiere die Weite des Universums: den Sternenhimmel, die Milchstraße, andere Galaxien. Rufe nun ein Sternen- oder ein anderes spirituelles Helferwesen um Unterstützung an. Frage es, warum du hier, in dieser Zeit und in diesem Körper auf der Erde bist. Was ist der Sinn deines Daseins? Was sind deine besonderen und einmaligen Talente und Geschenke, die du mitgebracht hast, um deine Lebensaufgabe zu erfüllen? Sei offen für Überraschungen. Frage nun, wie du diese Begabungen umsetzen kannst und was deine nächsten Schritte sind. Wenn dir etwas unklar sein sollte, frage deinen kosmischen Begleiter um Rat. Solltest du deine Lebensaufgabe schon kennen, sprich mit deinem Helferwesen darüber, welche neuen Aspekte es dir zu dem Thema mitteilen kann. Bedanke dich anschließend bei deinem Begleiter und beim Leben selbst. Komme im Hier und Jetzt an, und öffne deine Augen.

GESUNDHEIT

Deine Selbstheilungskräfte machen dich auf allen Ebenen gesund.

Viele Menschen erleben aufgrund der Spannungen des Wandels, den wir zurzeit auf der Erde durchlaufen, gesundheitliche Beschwerden. Die großen kollektiven und individuellen Transformationen haben die Astronomen der Maya- oder Hopi-Kultur bereits vor Tausenden von Jahren vorausgesagt. Je nachdem, wie viel ein Mensch (oder ein Land, ein System ...) sich bereits mit seinen verdrängten und abgespaltenen Schattenbereichen auseinandergesetzt hat, erlebt er diese Zeit mehr oder weniger herausfordernd. Die Transformationsschmerzen können sich auf allen Ebenen äußern: körperlich, emotional, mental und seelisch. Wichtig ist, nicht wegzuschauen, sondern sich ihnen zuzuwenden und sie aufzulösen. Gleichzeitig hilft gerade die hohe Energie der gegenwärtigen Sternenkonstellationen, die laut den alten Schamanen die Zeit des Aufstiegs herbeigeführt haben, Schattenthemen sehr schnell aufzulösen, sobald man sich ihnen zuwendet.

Im Schamanismus gibt es keinen Unterschied zwischen physischer und energetischer Gesundheit. Körper, Gefühle, Verstand und Seele: Alle Aspekte eines Menschen werden miteinbezogen, denn jede Ebene ist mit allen anderen verbunden. Werde dir darüber bewusst, in welchen Bereichen du besser für deine Gesundheit sorgen kannst, damit du das Wesen aus Licht werden kannst, das zu sein du bestimmt bist. Nimm dir Zeit für dein Wohlbefinden, widme dich deiner Gesundheit in allen Bereichen. Es ist ein wunderbares Gefühl, ein vollständiger und gesunder Mensch zu sein und lichtvoll auf Erden zu wirken.

Übung
Gib dich einen Tag lang den schönen und sanften Dingen des Lebens hin. Kaufe dir Blumen für dein Zuhause, und stelle sie überall in Vasen auf. Zünde viele Teelichte und Kerzen an. Nimm ein Entspannungsbad mit Duftölessenzen, und höre dabei deine Lieblingsmusik. Koche dein bevorzugtes Essen, besuche eine Kunstausstellung, oder gehe in die Natur oder in einen Blumengarten in einer Parkanlage. Nimm dir Zeit, an den Blüten zu riechen. Lege dich ins Gras, und betrachte die Schönheit des Himmels. Setze dich in ein Café, und blättere in einem Magazin oder lies ein Buch. Schaue dir in Geschäften schöne Gegenstände und Kleidung an, lasse kunstvolle Handwerksarbeit auf dich wirken. Gehe in ein tolles Konzert. Lasse es dir einfach gut gehen!

GLÜCK & FREUDE

Dein Leben bereitet dir Freude.

Das Lebensglück des Volkes ist eines der Hauptziele des Königreichs Bhutan, eines kleinen Staates im Himalaya. Tatsächlich gibt es dort sogar ein offizielles Glücksministerium: In den Gegenden, in denen die Menschen nicht glücklich sind, identifiziert das Ministerium die Ursache und versucht, sie zu beseitigen – ganz gleich, ob es sich um ein materielles oder ein persönliches Problem handelt. Bhutans buddhistische Lehre ähnelt derjenigen in Tibet: Menschen werden immer wieder reinkarniert, bis sie die nötigen Lektionen gelernt haben, um liebende und erleuchtete Geschöpfe zu werden. Interessant ist zudem, dass ihr astronomisches Wissen Tausende von Jahren zurückgeht und auch Sternenwesenheiten als Inkarnationen in anderen Galaxien und Dimensionen einschließt. Bei all dem Wissen ist das höchste Ziel das Glück, die Liebe und die Erleuchtung – also der Weg zum höchsten Schwingungszustand, dem Licht.

Wie kannst du Glück in dein Leben bringen?

Lade das Glück durch eine positive Haltung und durch positive Gedanken ein. Verlagere deine Aufmerksamkeit in jedem Augenblick weg von der Angst und hin zur Liebe. Erkenne, wofür du in deinem Leben dankbar bist und was dich glücklich macht. Deine

Kindlichkeit ist dir nicht abhandengekommen, du bist lebenslustig und verspielt. So bist auch du ein Teil des Bewusstseinswandels auf unserem Planeten. Du trägst zu einer Zukunft der Liebe, des Friedens und des Glücks bei – für dich und alle anderen Wesen.

Übung
Begib dich in einen stillen Raum, und stelle dich locker hin. Atme ein paarmal tief ein und aus, und komme zur Ruhe. Rufe dann dein Inneres Kind herbei. Das ist jener Teil von dir, der authentisch ist, der nur das tut, was ihm Freude bereitet, und der Spaß am Leben hat. Stelle dir vor, dass dein Inneres Kind dir direkt gegenübersteht. Mache nun einen großen Schritt, und nimm den Platz deines Inneren Kindes ein. Wie fühlt es sich an, dort zu stehen? Erlebe und genieße seine Vitalität und Lebensfreude. Lasse dein Inneres Kind erzählen, worauf es gerade Lust hat, was es unternehmen und erfahren möchte. Vielleicht will es ein wenig hüpfen und tanzen. Verweile so lange, wie du möchtest, auf dem Platz deines Inneren Kindes, und befrage es zu allem, was du wissen möchtest. Nimm es in den Arm, indem du dich selbst umarmst. Atme tief ein und aus, und genieße die Verschmelzung. Tritt schließlich gemeinsam mit deinem Inneren Kind einen Schritt zurück – hinein in dein Leben im Hier und Jetzt.

GOLDENER DELFIN

Folge dem Weg, der dich glücklich macht.

Die australische Legende vom Goldenen Delfin beschreibt, wie die amphibischen »Nommo« vor Millionen von Jahren vom Sternensystem Sirius nach Ozeanien kamen, einem Planeten, der fast vollständig von Wasser bedeckt war. Sie liebten und wertschätzten ihr neues Wasserparadies, das von vielen »Erde« genannt wurde. Sie wurden jedoch von einer Landspezies angegriffen und mussten sich mithilfe ihrer Intelligenz, mit Musik und der Kraft des Träumens zur Wehr setzen. Sie wollten den Himmel auf Erden erschaffen und bekamen dabei auch Unterstützung: von den Goldenen Delfinen. Vielleicht bist auch du ein Goldener Delfin, als Sternenwesen in Menschengestalt zurückgekommen, um auf der Erde die Energie der Delfine und Wale zu verbreiten: Freude, Liebe, Spiel und Spaß, Leichtigkeit, Träumen. Denn wo Liebe und Freude sind, gibt es keinen Platz für Gewalt und Krieg.

Daran erkennst du, ob du ein Goldener Delfin bist:
Du fühlst dich von Delfinen und Walen angezogen. Du bist gern am Meer, und der Schutz der Ozeane ist dir wichtig. Du verstehst, dass Nacht- und Tagträume wichtig sind, da sie die Wirklichkeit erschaffen. Du bist intelligent und neugierig, spielst und lachst gern.

Übung

Setze oder lege dich an einen friedlichen Ort. Komme zur Ruhe, entspanne dich. Atme ein paarmal tief ein und aus, und schließe deine Augen. Stelle dir einen Delfin vor, und betrachte eingehend sein Gesicht. Wie sehen seine Gesichtsform und seine Mundwinkel aus? Du erkennst, dass er dich anlächelt, und er lädt dich ein, zurückzulächeln, auch wenn dir nicht danach zumute sein sollte. Stelle dir nun vor, dass deine Augen auf die Höhe deines Herzens sinken, damit du wie ein Delfin direkt aus deinem Herzen schauen kannst. Tue das, sieh mit deinem Herzen, und lächle dabei! Stehe nun auf, und strecke dich. Springe, drehe dich im Kreis. Delfine mögen Spaß und Bewegung. Hüpfe ein wenig herum, lasse deine Arme schwingen, deine Beine laufen. Bewege dich jetzt wie ein Delfin, spiele, hüpfe oder gehe schwimmen. Auch du bist ein Delfin, ein Goldener Delfin! Vielleicht möchtest du lachen, ohne Grund, einfach so, weil es sich gut anfühlt. Traue dich – es tut dir gut. Erlebe dich so lange beim Spielen, wie du möchtest. Wenn du bereit bist, zurückzukommen, bedanke dich bei dem Delfin und dem Kosmos. Lege deine Hände auf dein Herz, und richte deine Aufmerksamkeit auf deinen Körper. Komme wieder im Hier und Jetzt an, und öffne deine Augen.

Hathoren & Venusianer

Du bist Liebe und Schönheit.

Diese liebende und sinnliche Seelengruppe stammt vom Planeten Venus, als er vor ca. 4 Milliarden Jahren mit erdähnlichen Eigenschaften noch bewohnbar war. Hathoren und Venusianer haben sich über die ägyptische Himmelsgöttin Hathor mit der Menschheit verbunden. Hathor, die auch Meisterin des Himmels und der Sterne genannt wurde, soll in einem goldenen Wagen zu den Menschen gekommen sein. Sie brachte ihnen Freude, Liebe, Sinnlichkeit und Sexualität, Musik und Tanz. Gleichzeitig hatte sie mütterliche Qualitäten sowie die Fähigkeit, die Sterbenden in die andere Welt zu begleiten, zwischen den Welten zu wandeln und zu vermitteln. Hathoren und Venusianer gelten als zwei der liebevollsten und sinnlichsten Arten von Sternenkindern überhaupt. Sie wollen bedingungslose Liebe verbreiten und harte, kalte Energie in reine Wärme, Geborgenheit und Freude umwandeln. Ihre Energie ist anmutig, ästhetisch und schön. Häufig sind sie künstlerisch tätig – ob beruflich oder privat.

Daran erkennst du, ob du ein hathorischer oder venusianischer Starseed bist:
Schönheit und Ästhetik ziehen dich an. Du bist liebevoll, weißt aber genau, wann du Grenzen setzen

musst. Musik ist dir wichtig. Du bist emotional sehr sensibel. Das alte Ägypten interessiert dich. Du kannst dich einer Sache leidenschaftlich hingeben.

Übung

Setze oder lege dich an einen friedlichen Ort. Komme zur Ruhe, entspanne dich. Atme ein paarmal tief ein und aus, und schließe deine Augen. Richte deinen inneren Blick in die Weite des Universums, in den Sternenhimmel. Bitte nun darum, mit hathorischen und venusianischen Sternenwesen oder Energien in Kontakt zu kommen, und frage diese, ob du einen hathorischen und venusianischen Hintergrund hast. Begrüße die kosmischen Wesen und Energien, die dir erscheinen. Wie fühlst du dich gerade? Was nimmst du wahr? Frage, was zum jetzigen Zeitpunkt ihre Botschaft für dich ist. Welche Fähigkeiten und Qualitäten sollen in dir erweckt werden? Was sind deine nächsten Schritte? Beobachte, was geschieht. Wenn du etwas nicht verstehst, frage die Sternenwesen danach. Erlebe ihre Präsenz so lange, wie du möchtest. Wenn du bereit bist, zurückzukommen, bedanke dich bei den Sternenwesen und dem Kosmos. Lege deine Hände auf dein Herz, und richte deine Aufmerksamkeit auf deinen Körper. Komme wieder im Hier und Jetzt an, und öffne deine Augen.

HYBRIDE LICHTARBEITER

Dein Weg ist das Licht.

Hybride Sternenkinder kommen häufig vor und sind eine Mischung aus den unterschiedlichen Starseed-Typen. Sie haben ihre vergangenen Leben oft in verschiedenen Dimensionen und Galaxien oder auf unterschiedlichen Planeten verbracht und tragen in sich alle Eigenschaften dieser früheren Inkarnationen. Aufgrund ihres enormen Erfahrungsschatzes werden sie auch als »Lichtarbeiter« bezeichnet. Andere Begriffe sind »Crystals«, »Indigos«, »Rainbows« und »Blue-Rays«. Sie haben als Seele zugestimmt, sich zu inkarnieren, um der Erde (und auch anderen Welten) bei deren Entwicklung zu helfen. Sie werden in Familien rund um den Globus geboren, um im jeweiligen Umfeld das Bewusstsein zu erhöhen. Ihr Hauptanliegen ist es, Freundlichkeit, Güte und Liebe in jedem Lebewesen zu wecken, dem sie begegnen. Hybride Lichtarbeiter sind keinem Planeten, keiner Kultur oder Gesellschaft verpflichtet. Sie sind Sternennomaden und arbeiten ausschließlich für das Licht.

Daran erkennst du, ob du ein Hybrid-Starseed bist: Du fühlst dich fast überall auf der Erde wohl, gleichzeitig aber nirgendwo speziell zugehörig. Du durchschaust Autoritäten und Hierarchien. Dich langweilen zwischenmenschliche Dramen, und du ziehst dich rasch daraus zurück. Gern bist du mit Menschen zusammen, aber auch mit dir selbst »all-ein«. Du bist vielseitig und an den unterschiedlichsten Bereichen interessiert. Humor und Genuss sind dir wichtig.

Übung

Setze oder lege dich an einen friedlichen Ort. Komme zur Ruhe, entspanne dich. Atme ein paarmal tief ein und aus, und schließe deine Augen. Richte deinen inneren Blick in die Weite des Universums, in den Sternenhimmel. Bitte nun darum, zu erfahren, ob du ein Hybrider Lichtarbeiter bist. Stelle dir vor, dass du in einem Raumschiff durch die unterschiedlichsten Galaxien fliegst, in denen du möglicherweise schon einmal gelebt hast. Nimm wahr, was passiert. Erkennst du manches wieder, oder ist dir alles neu? Es ist in Ordnung, wie es sich zeigt, denke nicht darüber nach. Frage dich, welche deiner Fähigkeiten und Qualitäten aus den vergangenen Zeiten in dir erweckt werden sollen. Was sind deine nächsten Schritte? Beobachte, was geschieht. Wenn du etwas nicht verstehst, frage das Universum, und höre, was es dir antwortet. Erlebe deine Reise durchs Universum so lange, wie du möchtest. Wenn du bereit bist, zurückzukommen, bedanke dich beim Kosmos. Lege deine Hände auf dein Herz, und richte deine Aufmerksamkeit auf deinen Körper. Komme wieder im Hier und Jetzt an, und öffne deine Augen.

IMPLANTATE

Du hast die Fähigkeit, dich jederzeit selbst zu reinigen und zu heilen.

Du kennst vielleicht das Gefühl, dass dir etwas »schwer im Magen liegt« oder »im Nacken sitzt«. Möglicherweise hast du es auch schon einmal erlebt, dass dich jemand oder etwas »in Besitz genommen« hat, so, als würde der- oder dasjenige an dir hängen oder sogar in dich hineinkriechen, ohne dass du ihn oder es siehst.

In der schamanischen Arbeit, der ältesten Heilform der Menschheit, die 30.000 bis 40.000 Jahre zurückreicht, nennt man solche energetischen Phänomene »Eindringlinge«, »Besetzer« oder »Implantate«. Diese negativ ausgerichteten Energien können sowohl einen irdischen als auch einen kosmischen Ursprung haben, denn alles ist miteinander verbunden. Sogenannte Negative Aliens implantieren bewusst negative Gedankenmuster in viele Menschen. Dadurch manipulieren sie sie auf mentaler Ebene – denn wer den Geist kontrolliert, beherrscht auch Körper und Seele. Diese Implantate leben davon, dass der Betroffene sie nicht bemerkt. Aber sobald sie einem bewusst werden, können sie aufgelöst werden.

Übung

Lege dich an einen ruhigen Ort, und schließe deine Augen. Atme ein paarmal tief ein und aus. Schaue nun in dein Inneres, und scanne dich selbst von oben bis unten. Beginne damit in deinem Energiefeld über deinem Kopf. Arbeite dich nun Stück für Stück nach unten durch deinen Körper und dein Energiefeld, bis du unterhalb deiner Füße am äußeren Rand deiner Aura endest. Nimm wahr, wo möglicherweise Implantate sitzen. Sie zeigen sich als dunkle Flecken oder Schleier, aber auch als Nägel, Splitter, sogar als spitze Zähne oder Pfeile. Bitte das Universum darum, dass auch die verborgenen Implantate sichtbar werden, jene Fremdenergien, die bewusst als unsichtbar gesetzt wurden, doch trotzdem deutlich zu spüren sind. Fühle in alle Ebenen deines Körpers hinein, emotional, mental, seelisch und physisch, und nimm wahr, wo deine Energie nicht frei fließen kann. Um die Implantate in deinen Zellen aufzulösen und loszulassen, atme sie aus dir hinaus. Spüre, wie du mit jedem Ausatmen freier, unbeschwerter und leichter wirst. Fühlt sich das nicht gut an? Hülle dich schließlich in helles Licht einer Farbe, die dir guttut. Es schützt dich vor weiteren Eindringligen. Wenn du bereit bist, zurückzukommen, lege deine Hände auf dein Herz und richte deine Aufmerksamkeit auf deinen Körper. Komme wieder im Hier und Jetzt an, und öffne deine Augen.

KOSMISCHER BEGLEITER

Du wirst geliebt.

Seit Äonen steht dir ein kosmischer Begleiter zur Seite, der dich unendlich liebt und unterstützt. Mit diesem wunderbaren Helfer – es können auch mehrere sein – tauschst du dich zwischen deinen Inkarnationen über das aus, was du bisher erlebt und gelernt hast und das, was du noch in dir entwickeln kannst. Du hast aber auch während deines irdischen Lebens jederzeit die Möglichkeit, mit deinem kosmischen Begleiter in Kontakt zu treten und dir einen Rat, Heilung, Liebe oder Unterstützung von ihm zu holen.

Übung

Um deinen kosmischen Begleiter zu treffen, lege oder setze dich in einer ruhigen Umgebung hin. Schließe nun deine Augen, atme tief ein und aus, und entspanne dich. Vor deinem inneren Auge erscheint ein einladendes Tor, hell beleuchtet und schön. Gehe mit einem tiefen Atemzug durch dieses Tor hindurch. Dahinter wartet auch schon dein kosmischer Begleiter auf dich. Nimm die neue Umgebung wahr. Wie sieht sie aus? Ist es eine Wiese, ein Wald, eine Lichtung oder vielleicht ein ferner Planet? Sprich deinen Namen laut aus, und rufe deinen kosmischen Begleiter zu dir. Er kann sich dir als Sternenwesen zeigen, als Engel oder als Energiegestalt, viellleicht hörst du ihn auch nur oder spürst seine Präsenz. Du kannst ihm alle möglichen Fragen stellen. Wenn du ein bestimmtes Anliegen hast, du zum Beispiel einen Hinweis auf deinen nächsten Schritt bei einem bestimmten Thema benötigst, bitte ihn darum. Nimm wahr, was er dir sagt und was passieren soll. Am Ende deiner Begegnung bedanke dich bei ihm. Komme mit einem tiefen Atemzug durch das Tor zurück ins Hier und Jetzt, bleibe noch ein wenig in der dich erdenden Energie, und öffne schließlich deine Augen wieder.

KRISTALLE

Kristalle helfen dir in allen Bereichen deines Lebens.

Steine sind verdichtete und gebündelte Energie in ihrer physischen Manifestation. Sie absorbieren und speichern kosmische Lebenskraft und Licht und verteilen sie auf der ganzen Erde. Kristalle sind wichtig für die Gesundheit und die Stärke unseres Planeten. Sie helfen auch Menschen dabei, wieder fit zu werden, sowohl körperlich als auch seelisch.

Die alten schamanischen Kulturen wussten um die Stärke der Steine. Auf der ganzen Welt gibt es aus Stein errichtete heilige Stätten, zum Beispiel das keltische Stonehenge oder die Moai-Statuen auf den Osterinseln. Viele indigene Kulturen verwenden bis heute Kristalle für die Heilarbeit. Bemerkenswert sind die sogenannten Kristallschädel – geschliffene Steine in der Form eines Schädels, die eine wesentliche Rolle in der mittelamerikanischen Heilkultur der Mayas spielen. Der Überlieferung nach erhielten die Mayas diese Kristallschädel von den Atlantianern, kurz bevor Atlantis unterging. Den Lehren der Maya-Schamanen nach leben in Kristallen, Mineralen und Steinen Spiritwesen. Außerdem sollen Kristalle die Weisheit unserer Sternenahnen in sich tragen, die wir durch die Arbeit mit ihnen aktivieren können. Du kannst also Kristalle nutzen, um dich mit deinen kosmischen

Wurzeln zu verbinden und ein besseres Verständnis davon zu erhalten, wer du bist und woher du kommst.

Übung

Wähle einen kleinen Kristall aus, der dir gefällt und dich anzieht, etwa einen Rosenquarz, einen Bergkristall oder einen Amethyst. Setze oder lege dich entspannt hin, und halte den Kristall in deiner Hand. Schließe dann deine Augen, und konzentriere dich auf deinen Atem. Stelle dir beim Einatmen vor, du atmest die Energie des Kristalls ein. Visualisiere beim Ausatmen, wie die Energie durch deinen Körper fließt und dich mit dem Kosmos verbindet. Wiederhole dies einige Male. Stelle dich dem Kristall nun mit deinem Namen vor. Nimm wahr, ob ein Spiritwesen durch den Kristall mit dir in Kontakt tritt. Es kann sich dir als Sternenwesen zeigen, als Engel oder als Energiegestalt, vielleicht hörst du es auch nur oder spürst seine Präsenz. Du kannst ihm alle möglichen Fragen stellen. Wenn du ein bestimmtes Anliegen hast, du zum Beispiel einen Hinweis auf deinen nächsten Schritt bei einem bestimmten Thema benötigst, bitte es darum. Nimm wahr, was es dir jetzt sagt und was passieren soll. Am Ende deiner Begegnung bedanke dich bei ihm. Komme wieder im Hier und Jetzt an, und öffne deine Augen.

LEMURIA & ATLANTIS

Lemuria und Atlantis leben durch dich weiter.

Glaubt man den Legenden der australischen Aborigines, der nord- und südamerikanischen Ureinwohner, der Polynesier im gesamten Südpazifikraum und der Maoris Neuseelands, war der erste Ort, an dem unsere mit plejadischen Sternenwesen verbundenen Ahnen lebten, Lemuria (Mu). Die Hybride, halb Mensch und halb Sternenwesen, nannten sich »Lemurianer«. Lemuria war ein Kontinent mit viel Wasser und voller Meerestiere, der bereits vor einer Million Jahre existierte und 25.000 Jahre vor unserer Zeitrechnung unterging. Hawaii und die südpazifischen Inseln sind die Überreste davon. Irgendwann begannen die hoch entwickelten Lemurianer, Tochterreiche zu gründen. Eines davon war Atlantis. Dessen Herrscher wurden jedoch mit der Zeit machthungrig und wollten die alleinigen Führer der Welt sein. Es kam zu einem Krieg, den Atlantis gewann. Lemuria versank. Die Atlantianer arbeiteten verstärkt mit der Kraft der Kristalle. Dabei gingen einige ihrer Experimente schief und führten dazu, dass Atlantis ebenfalls unterging. Viele Menschen erinnern sich daran, sowohl in Lemuria als auch in Atlantis inkarniert gewesen zu sein. Sie konnten diesen Zyklus bewusst miterleben und daraus lernen. Heute arbeiten diese Sternenkinder meist für den Frieden und das Wohlergehen der Erde.

Übung

Lege dich an einem friedlichen Ort hin, und schließe deine Augen. Atme entspannt, und komme zur Ruhe. Vor deinem inneren Auge erscheint nun ein Kristall in einer Farbe, die dir gefällt. Er birgt positive Erinnerungen und Ressourcen aus einem deiner früheren Leben in sich, möglicherweise aus Lemuria oder Atlantis. Stelle dir nun vor, wie du ganz klein wirst und in den Kristall und somit direkt in die Erinnerung hineingehst. Nimm wahr, was um dich herum passiert. Schaue auf deine Füße und Hände: Sind sie dieselben, die du vorher hattest, oder sehen sie anders aus? Sind sie männlich oder weiblich, von einem Kind oder einem Erwachsenen? Welches Gewand hast du an – das heutige oder ein fremdes, gar aus einer anderen Epoche? Beobachte dein Leben von damals, in dieser früheren Inkarnation. Erkenne, wer du warst und wie du gelebt hast. Nimm dir dafür die Zeit, die du brauchst. Betrachte auch deine einstigen Talente und Fähigkeiten. Bitte den Kristall, dieses alte Wissen mit seiner energetischen Sternenkraft nun in deinem irdischen Leben zu aktivieren. Bedanke dich schließlich beim Kristall. Stelle dir jetzt vor, wie du wieder größer wirst, bis du zurück in deinen Körper steigst. Komme wieder im Hier und Jetzt an, und öffne deine Augen.

LEMURIANER & ATLANTIANER

Handle zum Wohle Gaias.

Diese Seelengruppe war, nach den indigenen Mythen der Aborigines, der nord- und südamerikanischen Ureinwohner der Polynesier sowie anderer alter Kulturen, die erste Gemeinschaft inkarnierter Sternenkinder auf der Erde, wo sie sich mit unseren plejadischen Urahnen paarten. Sie lebten in Lemuria und Atlantis, die vor langer Zeit in den Meeren untergingen. Die Bewohner Lemurias waren hoch entwickelt. Ihre Körper waren mit der ursprünglichen zwölfsträngigen DNS ausgestattet, dank der sie Hunderte von Jahren alt wurden und telepathisch kommunizieren konnten. Sie waren hellsichtig und lebten lange in Frieden und Einklang mit allem. Am Ende jedoch zerstörte sich diese Kultur durch Gier, Gewalt und Krankheit selbst. Aber ihre Ideen, Technologien und spirituellen Eigenschaften blieben erhalten. Einige Mitglieder dieser Seelengruppe gingen ins Meer und wandelten sich in Wale, Delfine und in die Mer. Viele wurden zu Starseeds in den Reinkarnationszyklen anderer Planeten im gesamten Universum einschließlich der Erde.

Daran erkennst du, ob du ein lemurianischer oder atlantianischer Starseed bist:
Du spürst zwar deine Verbindung zu den Sternen, aber deine tiefsten Wurzeln fühlst du zu Gaia, Mutter

Erde. Delfine und Wale faszinieren dich. Du heilst und hilfst gern anderen. Kristalle ziehen dich stark an. Du bist sensibel und telepathisch. Zudem bist du idealistisch und möchtest das Leben auf der Erde schöner machen. Du kannst gut lehren und leiten.

Übung

Setze oder lege dich an einen friedlichen Ort. Komme zur Ruhe, entspanne dich. Atme ein paarmal tief ein und aus, und schließe deine Augen. Richte deinen inneren Blick in die Weite des Universums, in den Sternenhimmel. Bitte nun darum, mit lemurianischen oder atlantischen Sternenwesen oder Energien in Kontakt zu kommen, und frage diese, ob du einen lemurianischen oder atlantischen Hintergrund hast. Begrüße die Sternenwesen und Energien, die dir erscheinen. Wie fühlst du dich gerade? Was nimmst du wahr? Frage, was zum jetzigen Zeitpunkt ihre Botschaft für dich ist. Welche Fähigkeiten und Qualitäten sollen in dir erweckt werden? Was sind deine nächsten Schritte? Beobachte, was geschieht. Wenn du etwas nicht verstehst, frage die Sternenwesen danach. Erlebe ihre Präsenz so lange, wie du möchtest. Wenn du bereit bist, zurückzukommen, bedanke dich bei den Sternenwesen und dem Kosmos. Lege deine Hände auf dein Herz, und richte deine Aufmerksamkeit auf deinen Körper. Komme wieder im Hier und Jetzt an, und öffne deine Augen.

LICHT & LIEBE

Lasse dein Licht leuchten.

Wenn du bereit für die jetzige Zeitenwende bist, dich für den Aufstieg, das Licht und die Liebe öffnest, durchlaufen dein Herz und deine Seele mehrere Erwachensstufen:

1. Stufe – Ground Zero: In dieser Phase fühlen sich Emotionen extrem und überwältigend an. Du weinst viel oder erlebst starke Wut. Du weißt, dass du erst einmal diese Gefühle durchlaufen und verarbeiten musst, um weiterzukommen.

2. Stufe – Erwachen: Dein Herz öffnet sich immer weiter, du erlebst Leichtigkeit, Glückseligkeit und Freude – unabhängig von äußeren Umständen.

3. Stufe – Rückblick: Du fällst manchmal in deinen früheren Bewusstseinszustand zurück, alte karmische Themen melden sich. Das ist völlig normal, es ist eine Heilungsreise mit Aufs und Abs. Du gehst jedoch entspannter mit den Prozessen um, da du bereits gelernt hast, wie du starke Emotionen und Blockaden auflösen kannst.

4. Stufe – Herzöffnung: Dein Herz öffnet sich vollständig. Du erlebst tiefe Liebe und tiefes Mitgefühl für dich und alle Wesen. Obwohl du Hindernisse, Rückschläge und Herausforderungen nicht verhindern kannst, hast du jetzt einen anderen Blick darauf. Du strahlst aus deinem Inneren heraus Lebendigkeit und

Vitalität aus. Du bist kraftvoll! Du bist Licht und Liebe. Sei ehrlich mit dir, und schaue genau hin, wo du dich selbst zum Opfer machst: Worüber beschwerst du dich? Wann versinkst du in negativen Gedanken? Wann machst du jemandem Vorwürfe und jammerst über die Umstände? Wo unterschätzt du dich und machst dich selbst klein? Gib dem Druck, den andere auf dich ausüben, nicht nach. Folge deinen Herzenswünschen. Habe Spaß, und feiere!

Übung
Schließe deine Augen, und komme zur Ruhe. Visualisiere vor deinem inneren Auge deine Seele als leuchtende Kugel. Nimm dir Zeit, sie genau zu betrachten. Welche Farbe hat sie? Sind es vielleicht sogar mehrere Farben? Strahlt sie, pulsiert sie? Ist sie vollständig, oder fehlen ihr Teile? Stelle dir nun vor, wie goldenes Licht zum einen aus der Erde direkt in deine Füße und zum anderen aus dem Universum direkt in deinen Scheitel fließt. Nimm wahr, wie dich das Licht vollkommen durchströmt, deine Seele mit Energie und Liebe erfüllt, wie es durch deinen Körper in dein Herz fließt, es reinigt und auflädt. Genieße es so lange, wie du möchtest. Richte nun deine Aufmerksamkeit zurück auf deinen Körper. Komme wieder im Hier und Jetzt an, und öffne deine Augen.

LYRANER, WEGANER & FELIDAE

Genieße dein Leben in vollen Zügen!

Im Sternbild Lyra entdeckten Wissenschaftler das mit 11,2 Milliarden Jahren der Menschheit älteste bekannte Planetensystem, fast zweieinhalb Mal so alt wie unser Sonnensystem. Die Legenden der Aborigines und anderer indigener Kulturen beschreiben die Lyraner als die älteste Zivilisation in unserer Galaxie. Als sie unterging, flohen die verbliebenen Lyraner, indem sie sich in die Reinkarnationszyklen der Bewohner anderer Sternensysteme wie der Plejaden, Sirius und Orion mischten. Man könnte also sagen, dass die Lyraner unsere ersten Sternenurahnen sind. Zu ihnen gehören auch die verwandten Seelengruppen der Weganer und Felidae, die auf der Wega lebten, dem Hauptstern der Konstellation Lyra. Die Felidae wurden von den alten Ägyptern als Gottheiten mit Katzenköpfen dargestellt. Dadurch, dass diese Seelengruppe uralt ist, geht sie gelassen mit den Zyklen von Hell und Dunkel, Gut und Böse um. Ihr Fokus liegt stets auf dem Genuss. Eine gute Lektion für jeden von uns!

Daran erkennst du, ob du ein lyranischer, weganischer oder felidaischer Starseed bist:
Du lebst und feierst gern, genießt Kultur und gutes Essen, bleibst dabei aber geerdet. Es fällt dir leicht,

etwas zu manifestieren. Du bist unabhängig. Geschichte interessiert dich. Außerdem verreist du gern und magst es, neue Erfahrungen zu sammeln. Du vertraust dem Strom des Lebens.

Übung
Setze oder lege dich an einen friedlichen Ort. Komme zur Ruhe, entspanne dich. Atme ein paarmal tief ein und aus, und schließe deine Augen. Richte deinen inneren Blick in die Weite des Universums, in den Sternenhimmel. Bitte nun darum, mit lyranischen, weganischen oder felidaischen Sternenwesen oder Energien in Kontakt zu kommen, und frage diese, ob du einen lyranischen, weganischen oder felidaischen Hintergrund hast. Begrüße die Sternenwesen und Energien, die dir erscheinen. Wie fühlst du dich gerade? Was nimmst du wahr? Frage, was zum jetzigen Zeitpunkt ihre Botschaft für dich ist. Welche Fähigkeiten und Qualitäten sollen in dir erweckt werden? Was sind deine nächsten Schritte? Beobachte, was geschieht. Wenn du etwas nicht verstehst, frage die Sternenwesen danach. Erlebe ihre Präsenz so lange, wie du möchtest. Wenn du bereit bist, zurückzukommen, bedanke dich bei den Sternenwesen und dem Kosmos. Lege deine Hände auf dein Herz, und richte deine Aufmerksamkeit auf deinen Körper. Komme wieder im Hier und Jetzt an, und öffne deine Augen.

Negative Aliens

Deine Liebe umhüllt dich mit positiver Kraft.

Es gibt Sternenwesen, die anderen wohlgesinnt sind, jedoch auch jene, die es nicht sind. Solche negativen kosmischen Kreaturen manipulieren Gesellschaften und erschöpfen die Ressourcen eines Planeten. Die ersten Überlieferungen über eine Unterwerfung der Menschen durch Negative Aliens gehen weit zurück, bis in die Kultur der Mesopotamier und Sumerer ca. 2.000 v. Chr. Aber auch indigene Mythen wie die der Maya und Hopi erzählen von den dunklen Geschöpfen. Sie werden auch als »Greys«, »Reptilianer« oder »Dracos« bezeichnet. An dieser Stelle ist wichtig, zu erwähnen, dass auch viele weiterentwickelte und lichtvolle »Greys«, »Reptilianer« oder »Dracos« existieren. Sie inkarnieren als Staarseeds, um die Menschen zu befreien, die von negativen Aliens besetzt wurden, um somit an der Heilung des Karmas aller Wesen zu arbeiten. Der beste Schutz vor diesen düsteren Wesenheiten ist die Kraft der Liebe – genau das, was den negativen Aliens (noch) fehlt. Sei unbesorgt, sie können dir nichts tun. Erkläre ihnen, dass deine Energie nicht ihre Nahrungsquelle ist und dass sie ihre Verbindung zur großen lichtvollen Quelle wiederentdecken müssen. Dort finden sie, was sie brauchen. Umgib dich mit Liebe, empfinde Liebe und Mitgefühl für dich und alle Geschöpfe.

Übung

Setze oder lege dich an einen friedlichen Ort. Komme zur Ruhe, und entspanne dich. Atme ein paarmal tief ein und aus, und schließe deine Augen. Stelle dir vor, dass du über dein Herz ein- und ausatmest und es sich dabei entspannt. Sieh nun vor deinem inneren Auge jemanden, den du aus tiefstem Herzen liebst, etwa dein Kind oder dein Haustier. Spüre die liebevolle Güte, die Wärme und das tiefe Mitgefühl, die du für dieses Wesen empfindest. Weite das Gefühl der Liebe dann auf dich aus – betrachte dich selbst in dieser Herzenergie. Erweitere nach einer Weile das Gefühl erst auf alle Menschen in deiner Straße und dann auf deinen Wohnort. Betrachte alle Wesen voller Wärme, und lasse deine Liebe sich immer weiter ausdehnen, bis deine Herzenswärme die ganze Welt einschließt und die Energie des Friedens spürbar ist. Fühle dieses tiefe Mitgefühl schließlich für das ganze Universum und alle Wesen darin. Genieße eine Weile die Kraft und Schönheit deiner Liebe. Wenn du bereit bist, zurückzukommen, bedanke dich beim Universum. Lege deine Hände auf dein Herz, und richte deine Aufmerksamkeit auf deinen Körper. Komme wieder im Hier und Jetzt an, und öffne deine Augen. Nimm diese universelle Liebe mit in deinen Alltag.

ORIONER & MINTAKANER

Manifestiere deine Träume und Visionen.

Diese Seelengruppe stammt aus einem der berühmtesten Sternbilder am Himmel, das von der ganzen Welt aus zu sehen ist: Orion. Als die ursprünglichen Orioner gelten die Mintakaner, die aus dem Sternensystem Mintaka innerhalb des Oriongürtels kommen. Dieser Gürtel ist auch bekannt als »Drei Könige« oder »Drei Schwestern«. Von dort ausgehend, verbreiteten sich die Mintakaner im gesamten Orionsystem. Orion ist vor allem aus der griechischen Mythologie als Jäger bekannt. Aber viel ältere Geschichten über Orioner und Mintakaner finden sich bei den Aborigines Australiens oder den nord- und südamerikanischen Ureinwohnern. Orioner und Mintakaner unterstützen die Menschen dabei, sich auf ihr Potenzial und ihr Höheres Selbst auszurichten. Der Hauptunterschied beider Seelengruppen besteht im ausgeprägten Mitgefühl der Mintakaner. Während die Orioner kopforientierter sind, haben die wesentlich älteren Mintakaner ihre mentale Kraft mit dem Herzen zusammengeführt.

Daran erkennst du, ob du ein orionischer oder mintakanischer Starseed bist:

Du hast einen unstillbaren Wissensdurst und interessierst dich für die Bereiche Wissenschaft, Technologie und Medizin. Du hast die Fähigkeit, deine Visionen physisch umzusetzen, egal, wie unmöglich sie anderen erscheinen mögen. Herausforderungen liebst du und blühst unter Druck auf. Du bist ein praktischer Mensch.

Übung

Setze oder lege dich an einen friedlichen Ort. Komme zur Ruhe, entspanne dich. Atme ein paarmal tief ein und aus, und schließe deine Augen. Richte deinen inneren Blick in die Weite des Universums, in den Sternenhimmel. Bitte nun darum, mit orionischen oder mintakanischen Sternenwesen oder Energien in Kontakt zu kommen, und frage diese, ob du einen orionischen oder mintakanischen Hintergrund hast. Begrüße die Sternenwesen und Energien, die dir erscheinen. Wie fühlst du dich gerade? Was nimmst du wahr? Frage, was zum jetzigen Zeitpunkt ihre Botschaft für dich ist. Welche Fähigkeiten und Qualitäten sollen in dir erweckt werden? Was sind deine nächsten Schritte? Beobachte, was geschieht. Wenn du etwas nicht verstehst, frage die Sternenwesen danach. Erlebe ihre Präsenz so lange, wie du möchtest. Wenn du bereit bist, zurückzukommen, bedanke dich bei den Sternenwesen und dem Kosmos. Lege deine Hände auf dein Herz, und richte deine Aufmerksamkeit auf deinen Körper. Komme wieder im Hier und Jetzt an, und öffne deine Augen.

PLEJADEN & DIE 7 SCHWESTERN

Die Geschichte der Menschheit und des Universums lebt in mir.

Die ältesten Geschichten über die Entstehung des Menschen sind über 100.000 Jahre alt und stammen aus den australischen Legenden über die Plejaden. Das ist eine Gruppe von mehr als 800 Sternen, die sich etwa 410 Lichtjahre von der Erde entfernt befinden. Die Legenden berichten von 7 wunderschönen Schwestern, die von einem Mann begehrt wurden: Orion. Von der Erde aus sieht man, wie er den Plejaden hinterherjagt. Jede Nacht folgt er den Schwestern, die in den Mythen als die Mütter der Menschheit gelten. Interessant ist, dass die Geschichten über die Menschheitsentstehung überall auf der Welt, in allen Epochen und sogar in einigen Religionen nahezu gleich sind – von den nord- und südamerikanischen Ureinwohnern über die keltische und griechische Mythologie bis hin zur Bibel und dem jüdischen Talmud. Das könnte daran liegen, dass viele der Himmelskörper der Plejaden von fast überall auf der Erde mit bloßem Auge sichtbar sind. Sie wurden zur Navigation auf See verwendet sowie zur Bestimmung der Zyklen der Landwirtschaft. Mehrere indigene Kulturen, etwa die Hawaiianer oder die Hopi, sagen, sie stammen von den Plejadiern ab. Es gibt ausführliche Erzählungen der Hopi über die »Star People«, die von den Plejaden zur Erde gereist sind, um sich mit den Menschen zu paaren. In Hawaii wird noch heute das Makahiki-Festival jährlich nach dem Tag ausgerichtet, an dem die Plejaden am besten zu sehen sind.

Übung

Lege dich an einen friedlichen Ort, und komme zur Ruhe. Entspanne dich, und schließe deine Augen. Atme ein paarmal tief ein und aus, werde ganz still, und übergib alle Sorgen und Gedanken der Weite des Universums. Lasse dich jetzt in die Tiefe deiner Seele fallen. Sinke ganz weit hinunter, um der Quelle deiner Weisheit zu begegnen. Höre ihr zu, und erkenne, dass du in deinem tiefen Inneren um alles weißt, was wichtig ist. Du kennst deine nächsten Schritte und weißt, wie du dich weiterentwickeln kannst. Frage auch deine Sternenahnen nach ihren Impulsen, und nimm wahr, was sie dir sagen oder zeigen. Lasse dich nun ganz tief in dein Herz hineinsinken. In der Tiefe deines Herzens, verbunden mit deiner Seele, kannst du deiner Weisheit lauschen. Sie ruht immer in deinem Herzen – denn nur durch das Herz wird Wissen zu Weisheit. Erlebe, was deine kosmischen Helfer dir zur Unterstützung deiner Herzkraft geben oder zeigen. Verweile einen Moment, und wenn du so weit bist, komme zurück ins Hier und Jetzt, und öffne deine Augen. Nimm dich wieder in deiner Welt und in deiner Umgebung wahr.

PLEJADIER

Halte die Balance von Hell und Dunkel im Leben.

Diese Seelengruppe stammt von den Plejaden, einer Gruppe von mehr als 800 Sternen, die etwa 410 Lichtjahre von der Erde entfernt liegen. Viele ihrer Himmelskörper können mit bloßem Auge von fast überall auf unserem Planeten gesehen werden, und deshalb spielen sie in den Legenden fast aller Kulturen eine große Rolle. Mehrere indigene Kulturen, etwa die der Hawaiianer oder die der Hopi, sagen, sie stammten von den Plejaden. Laut altem Wissen inkarnieren Seelen in den Plejaden, wenn sie lernen möchte, wie das Universum funktioniert. Plejadianische Starseeds wissen um die Gesetze der Balance und der Polaritäten, dass das eine nicht ohne das anderen existieren kann: Yin und Yang, Tag und Nacht, Liebe und Hass, Gut und Böse. Deshalb gelten Plejadier nicht nur als wissend, sondern auch als weise. Sie finden sich in heilenden Berufen, aber auch in allen Bereichen, in denen sie Gesundung und Weiterentwicklung bewirken können, etwa in Systemen und Hierarchien.

Daran erkennst du, ob du ein plejadischer Starseed bist:

Du bist sensitiv und emphatisch. Kinder und Tiere fühlen sich zu dir hingezogen. Die Sternengruppe der Plejaden fasziniert dich. Du verstehst Polaritäten und Zyklen wie die von Hell und Dunkel, Aktivität und Ruhe, Fülle und Mangel. Dein Wesen ist sanft, Gewalt ist dir fremd. Du gibst gern. Der Sinn deines Lebens ist dir bewusst, oder du befindest dich auf der Suche nach ihm.

Übung

Setze oder lege dich an einen friedlichen Ort. Komme zur Ruhe, entspanne dich. Atme ein paarmal tief ein und aus, und schließe deine Augen. Richte deinen inneren Blick in die Weite des Universums, in den Sternenhimmel. Bitte nun darum, mit plejadischen Sternenwesen oder Energien in Kontakt zu kommen, und frage diese, ob du einen plejadischen Hintergrund hast. Begrüße die Sternenwesen und Energien, die dir erscheinen. Wie fühlst du dich gerade? Was nimmst du wahr? Frage die Plejadier, was zum jetzigen Zeitpunkt ihre Botschaft für dich ist. Welche Fähigkeiten und Qualitäten sollen in dir erweckt werden? Was sind deine nächsten Schritte? Beobachte, was geschieht. Wenn du etwas nicht verstehst, frage die Sternenwesen danach. Erlebe ihre Präsenz so lange, wie du möchtest. Wenn du bereit bist, zurückzukommen, bedanke dich bei den Sternenwesen und dem Kosmos. Lege deine Hände auf dein Herz, und richte deine Aufmerksamkeit auf deinen Körper. Komme wieder im Hier und Jetzt an, und öffne deine Augen.

PLEJADISCHER STRAHLENGÜRTEL

Verwandle deine Schatten in Licht.

Laut altem Wissen der Maya sowie anderer indigener Kulturen ist jetzt die Epoche der Veränderungen angebrochen. Seit Ende des 20. Jahrhunderts bewegt sich die Erde durch den plejadischen Licht- oder Photonengürtel. Das ist aus schamanischer Sicht eines der wohl bedeutendsten irdischen Großereignisse, das zyklisch alle 11.000 Jahre geschieht (beim letzten Mal ging Atlantis unter und endete die Eiszeit) und im Schnitt 2.000 Jahre andauert. Die Plejaden sind eine Gruppe von mehr als 800 Sternen, die sich etwa 410 Lichtjahre von der Erde entfernt befinden. Der Strahlengürtel, der sie umgibt, hat eine enorme Strahlkraft und wird deshalb auch Licht- oder Photonengürtel genannt. Photonen sind die Elementarteilchen des Lichts und Träger der elektromagnetischen Energie. Sie bewegen sich mit Lichtgeschwindigkeit durchs All. Wo der Photonengürtel auf ein anderes Objekt trifft, wirbelt er die Dunkelheit auf, die seiner Energiequalität nicht standhalten kann. Jeder Winkel und Schattenbereich wird erhellt. Die Bewegung der Erde durch den plejadischen Lichtgürtel erklärt nicht nur die vielen Umwälzungen und Herausforderungen, die die Menschheit zurzeit zu bewältigen hat, sondern auch, weshalb manche Menschen diese Phase mit mehr, andere mit weniger Schwierigkeiten erleben – je nachdem, wie viel sie sich bereits mit ihren Schattenbereichen auseinandergesetzt haben. Gleichzeitig hilft die hohe Energie des plejadischen Lichtgürtels, Schattenthemen sehr schnell aufzulösen, sobald man sich ihnen zuwendet.

Übung
Lege dich hin, und entspanne dich. Schließe deine Augen, und rufe deine Sternenhelfer oder ein anderes Wesen herbei, das dich unterstützen und begleiten kann. Lasse dich nun tief in dein Inneres sinken – dorthin, wo alles dunkel ist. Werde dir bewusst, welche deine größte Angst ist. Dein kosmischer Begleiter steht neben dir und gibt dir Sicherheit, damit du genau hinschauen kannst. Nimm dir genügend Zeit, und lasse alle Gefühle und Bilder zu, die kommen. Bitte nun deine Angst, sich in die positive Energie zu wandeln, die ihr zugrunde liegt. Wenn deine größte Angst etwa ist, allein zu sein, erlebst du nun den Durchbruch in die Freiheit und, dass du das Leben und dich selbst genießen kannst. Bitte bei der Verwandlung deiner Angst auch einen Sternenhelfer um Unterstützung. Nimm danach wahr, dass du dich stärker und entspannter bzw. mit anderen positiven Fähigkeiten ausgestattet fühlst. Komme nun wieder zurück in die Gegenwart, ins Hier und Jetzt. Bedanke dich bei deinem Helfer, der dich begleitet hat. Öffne die Augen. Willkommen im Leben!

PORTAL

Alles ist möglich.

Albert Einsteins Relativitätstheorie besagt unter anderem, dass alle Materie Energie ist. In seinen kleinsten Teilen besteht alles aus reinem Licht. Die alten Schamanen verfügten schon vor Tausenden von Jahren über dieses Wissen und arbeiteten mit dieser Energie direkt in der Matrix. Auch die moderne Quantenphysik zeigt, was spirituelle Praktiken von jeher lehren: Alles ist möglich, es gibt keine Grenzen. Als Teilbereich der Physik untersucht die Quantenmechanik die Interaktionen zwischen Energie und Materie. Eine Reihe anerkannter Physiker wie Amit Goswami, Michio Kaku und Nassim Haramein stützen mit ihren Entdeckungen die uralten schamanischen Weisheiten, die schon immer von Paralleluniversen, -welten, -erden und -menschen sprechen. Danach existierst du zu jeder Zeit anderswo im Universum oder in einem anderen Universum und kannst so alle Möglichkeiten gleichzeitig wahrnehmen. Praktisch bedeutet das, dass du als das Licht, das du bist, zu allen Dimensionen Zugang hast und dadurch dein Leben im Hier und Jetzt so gestalten kannst, dass du glücklich bist. Es ist Zeit, deine Glaubenssätze und selbst auferlegten Grenzen zu sprengen. Denn Energie folgt der Aufmerksamkeit – was du denkst, das erschaffst du auch.

Übung

Setze oder lege dich an einen friedlichen Ort. Komme zur Ruhe, entspanne dich. Betrachte das Sternentor auf dieser Karte. Du kannst es als Portal in ein Paralleluniversum nutzen, in dem dein Parallelselbst existiert. Schließe nun deine Augen, und atme ein paarmal tief ein und aus. Werde dir bewusst, was du dir aus tiefstem Herzen in deinem Leben wünschst, damit du glücklich sein kannst. Nimm vor deinem inneren Auge das Sternentor wahr. Dann gehe mit einem tiefen Atemzug hindurch. Du reist nun zu deinem Parallelselbst, das bereits so lebt, wie du es dir auch für dich ersehnst. Wenn du angekommen bist, schaue deinem Parallelselbst zu. Erlebe, was es anders macht als du in deinem Leben. Dann frage es, wie du dies umsetzen kannst. Bedanke dich am Ende deiner Reise bei deinem Parallelselbst. Komme mit einem tiefen Atemzug durch das Sternentor wieder ins Hier und Jetzt. Stelle dir vor, wie du in deinen Körper zurückkehrst, damit du gut geerdet in deinem Alltag ankommst. Öffne deine Augen.

QUANTENSPRUNG

Glaube an dich!

Wir alle sind Starseeds, und jeder von uns trägt die Sterne in sich. Das sagen nicht nur zahlreiche alte indigene Kulturen, sondern das bezeugt auch die menschliche Evolution. Archäologische Funde beweisen, dass bis vor 50.000 Jahren die Entwicklung des Menschen stufenweise voranschritt. Jede Phase der menschlichen Entwicklung setzte auf einer höheren Ebene an als die vorherige. Dann nahm die Veränderung plötzlich eine deutlich höhere Geschwindigkeit auf. Man bezeichnet diese Phase, für die es keine wissenschaftliche Erklärung gibt, als »Urknall des menschlichen Bewusstseins«. Für Hunderttausende von Jahren lebte der Mensch in Höhlen – und plötzlich errichtete er Bauwerke von unübertroffener Architektur und Schönheit wie die Pyramiden in Ägypten oder die Mayatempel in Latein- und Südamerika. Was ist während dieser Zeitspanne von schätzungsweise 40.000 Jahren mit der Menschheit passiert? Legenden, Gemälde und Zeremonien indigener Völker sowie anderer Kulturen geben darüber Aufschluss. Viele von ihnen beschreiben Götter und Himmelswesen, Zeichnungen und Kunstwerke zeigen astronautenähnliche Geschöpfe, die in futuristischen fliegenden Geräten vom Himmel kamen, ihr Wissen mitbrachen und Nachkommen mit Menschen zeugten.

Übung

Setze oder lege dich an einen friedlichen Ort. Komme zur Ruhe, entspanne dich. Atme ein paarmal tief ein und aus, und schließe deine Augen. Richte deine Aufmerksamkeit auf dein Drittes Auge zwischen deinen Augenbrauen, und nimm darüber die Weite des Universums wahr. Atme seine Unendlichkeit durch dein Drittes Auge ein. Lade nun einen Sternenahnen ein, dich bei dieser Meditation zu begleiten. Sieh ihn vor deinem inneren Auge, oder fühle seine Präsenz. Stelle dir vor, wie du an seiner Seite in deinem Leben neue Wege gehst. Probiere in deiner Imagination verschiedene Möglichkeiten aus, und setze dir dabei keine Grenzen. Alles ist möglich! Du kannst alle Fragen stellen, die dich beschäftigen. Die Antwort kommt über das Dritte Auge zu dir – als Bild, Geistesblitz oder klarer Gedanke. Bitte deinen Sternenahnen um Rat und Unterstützung, wenn du etwas nicht verstehst. Stelle dir vor, wie dir alles gelingt und wie gut es dir dabei geht. Entspanne dich, und gehe vollkommen in dieses Gefühl hinein. Genieße es so lange, wie du möchtest. Bedanke dich dann bei deinem Sternenahnen und bei dir selbst. Lege deine Hände auf dein Herz, und richte deine Aufmerksamkeit auf deinen Körper. Komme wieder im Hier und Jetzt an, und öffne deine Augen.

REINIGUNG VON FREMDENERGIEN

Lasse dich vom Wasser reinigen.

Während ein Großteil der Sternengruppen vor allem wiedergeboren wird, um zu heilen und zu lehren, gibt es andere, die auf einen Planeten wie die Erde kommen, um seine Ressourcen zu ihrem Vorteil zu nutzen oder dunkle Missionen zu unterstützen. Negative Aliens sind multidimensionale Wesenheiten und Energiegebilde, die ihre Verbindung zur lichtvollen Quelle verloren haben und Menschen und andere Wesen als ihre Energiequelle nutzen, um zu überleben. Sie empfinden keine Emotionen, haben aber hoch entwickelte mentale Kräfte. Sie implantieren negative Gedankenmuster, und sie laben sich wie Parasiten an negativen Gefühlen wie Angst, Schuld, Neid und Rachsucht sowie an allem, was damit einhergeht: menschenverachtende Wertesysteme, Ausbeutung, Macht, Gier, Gewalt etc.

Woran erkennst du Negative Aliens?
Wenn du das Gefühl hast, du begegnest entweder im mentalen, energetischen Bereich Sternenwesen oder physisch auf der Erde Starseeds, kannst du die negativen, dunklen durch ihre Energie leicht von den positiven, lichtvollen unterscheiden: Hast du beim Kontakt mit einem dieser Wesen oder Menschen ein schlechtes Gefühl, sei es körperlich oder emotional,

dann ist dein Gegenüber nicht positiv, gleich, wie schön oder attraktiv es aussieht. Von diesen Fremdenergien kannst du dich reinigen, damit dein Leben wieder im Fluss ist. Insbesondere Wasser hilft dir dabei, da dein Körper zum Großteil daraus besteht.

Übung

Setze oder lege dich an einen friedlichen Ort. Komme zur Ruhe, entspanne dich. Atme ein paarmal tief ein und aus, und schließe deine Augen. Stelle dir deinen inneren Ort der Kraft vor. Dieser kann genau so sein, wie es dir gefällt, zum Beispiel ein tropischer Urwald, ein Garten oder ein Ort in einer fernen Galaxie. Begib dich nun innerlich an deinen Kraftort. Visualisiere, wie du dich dort in einem See, einem Meer, unter einem Wasserfall oder in einem Fluss gründlich reinigst. Alles, was nicht zu dir gehört, wird dabei weggespült. Genieße die Atmosphäre, und reinige dich so lange, wie du möchtest. Wenn du bereit bist, zurückzukommen, richte deine Aufmerksamkeit wieder auf deinen Körper, und öffne deine Augen.

Reptilianer & Draconianer

Sei mutig und kraftvoll!

Diese Seelengruppe wird mit Drachen in Verbindung gebracht und stammt von einem Planeten des Sternbildes Draco (lateinisch für Drache), das eine gigantische Ausdehnung hat und flächenmäßig das achtgrößte am Himmel ist. Spirituell gesehen, zeigt diese Größe, wie umfassend die draconianischen und reptilianischen Energien wirken. Draco ist nicht nur aus der griechischen Mythologie als mehrköpfiger Drache und Wächter der Götter bekannt, auch die Eingänge der ägyptischen Pyramiden sind auf Thuban, den Hauptstern von Draco, ausgerichtet. Die Draconianer gelten als Unterrasse der Reptilianer. Der Ruf dieser Seelengruppen ist – häufig zu Unrecht – schlecht, da sie als ausschließlich Negative Aliens betrachtet werden. Es gibt jedoch zwei Arten von reptilianischen und draconianischen Sternengruppen: die dunklen und die hellen. Der Unterschied liegt in ihrer Energieart. Lichtvoll entwickelte Reptilianer und Draconianer wirken auf der Erde als Traumabrecher. Sie lösen jene Strukturen auf, die die Menschen in der Endlosschleife von Schmerz und Leid festhalten. Sie heilen und beenden negative Muster in dysfunktionalen Familien und Systemen. Die reptilianische und draconianische Energie wurzelt in der Physis, sie erledigt, was ansteht, und errichtet eine neue, positive Ordnung.

Daran erkennst du, ob du ein reptilianischer oder draconianischer Starseed bist:
Du bist selbstbewusst, willsenstark, geerdet und materiell erfolgreich. Gerechtigkeit und Loyalität sind dir wichtig, du bist furchtlos und verfolgst entschieden deine Ziele. Dich faszinieren Drachen und Reptilien.

Übung
Setze oder lege dich an einen friedlichen Ort. Komme zur Ruhe, entspanne dich. Atme ein paarmal tief ein und aus, und schließe deine Augen. Richte deinen inneren Blick in die Weite des Universums, in den Sternenhimmel. Bitte nun darum, mit draconianischen oder reptilianischen Sternenwesen in Kontakt zu kommen, und frage diese, ob du einen draconianischen oder reptilianischen Hintergrund hast. Begrüße die Sternenwesen, die dir erscheinen. Wie fühlst du dich gerade? Was nimmst du wahr? Frage, was zum jetzigen Zeitpunkt ihre Botschaft für dich ist. Welche Fähigkeiten und Qualitäten sollen in dir erweckt werden? Was sind deine nächsten Schritte? Beobachte, was geschieht. Wenn du etwas nicht verstehst, frage die Sternenwesen danach. Erlebe ihre Präsenz so lange, wie du möchtest. Wenn du bereit bist, zurückzukommen, bedanke dich bei den Sternenwesen und dem Kosmos. Lege deine Hände auf dein Herz, und richte deine Aufmerksamkeit auf deinen Körper. Komme wieder im Hier und Jetzt an, und öffne deine Augen.

RESILIENZ

Vertraue darauf, dass dich der natürliche Strom des Lebens trägt.

Wir befinden uns auf einer Reise durch das Leben und manchmal auch auf einer Achterbahnfahrt durch die Zeit. Alles ist ständig im Fluss. Wir spüren die starke, destruktive Dynamik der jetzigen Zeitenwende, aber auch das in ihr enthaltene Potenzial. Die Energie der Erde möchte erneuert werden, es entsteht Platz für frische Ideen. Was wichtig ist, wird bleiben. Was unwichtig ist, wird verschwinden. Alles auf der Erde hat einen zeitlichen Rahmen, alles bewegt sich in Zyklen, endet und beginnt von vorn. Erkenne, in welcher Phase deines Lebens du dich gerade befindest, und schöpfe daraus Kraft und Klarheit. Ist die Phase des Lernens vielleicht vorbei, und es beginnt die Zeit, in der du aktiv wirst? Oder befindest du dich in dem Zeitraum, in dem du Aufgaben abgeben und es genießen solltest, zur Ruhe zu kommen? Wenn du ein Ziel verfolgst, das dir nicht entspricht, wird dich der natürliche Lebensstrom nicht mit sich tragen. Wenn du jedoch deine entsprechende Zeitenqualität erkannt hast und dich dem Strom des Lebens anvertraust, wird er dich an dein Ziel bringen. Dann bist du resilient, und du fließt mit den natürlichen Zyklen weiter.

Übung

Gehe an einen schönen Platz in der Natur, an dem du ungestört bist. Begrüße dort die Spirits, die Kräfte des Platzes, und stelle dich ihnen vor. Suche dir drei Punkte auf dem Boden aus, die du jeweils mit einem Stein markierst. Der erste Punkt symbolisiert deine Vergangenheit, der zweite deine Gegenwart und der dritte deine Zukunft. Setze dich auf den ersten Platz mit Blickrichtung zurück, in die Vergangenheit. Entspanne dich, und warte darauf, dass in dir Bilder, Gefühle oder Einsichten auftauchen. Erfahre, was du bisher alles gut gemacht hast und was weniger. Lerne daraus. Stelle Fragen, die dich beschäftigen. Sobald du das Gefühl hast, fertig zu sein, bedanke dich und gehe auf den Platz der Gegenwart. Setze dich in die Richtung, die für dich stimmig ist. Lasse wieder Bilder und Informationen in dir hochkommen, und stelle Fragen, die dich beschäftigen, zum Beispiel, was du zu deinem Gleichgewicht beitragen kannst. Wenn du fertig bist, bedanke dich und gehe auf den Platz der Zukunft. Setze dich auch hier wieder hin, diesmal mit Blickrichtung nach vorn. Was kannst du dazu beitragen, dass deine Zukunft und die aller anderen auf der Erde gut wird? Wo und wie würdest du dann leben? Bedanke dich zum Abschluss bei den Kräften des Ortes für die Bilder, Informationen und Antworten, die du erhalten hast.

SCHUTZ

Licht und Liebe befreien dich.

Bei manchen Menschen löst das Thema »Sternenwesen« Angst aus, insbesondere vor negativen Aliens. Das ist die Angst vor dem Unbekannten. Es entsteht das Bedürfnis, sich zu schützen. Dafür braucht es keine besonderen Zaubersprüche oder Mittelchen, denn der beste Schutz davor, manipuliert zu werden, sind Liebe, Mitgefühl und Licht. Die Liebe und das Herz erzeugen ein elektromagnetisches Feld, das in die Umgebung abstrahlt. Das wurde in einer Studie der Universität Princeton (USA) vor über 20 Jahren festgestellt. Es wurde beobachtet, dass die Felder bei Menschen, die glücklich und voller Liebe waren, sechsmal so stark waren wie bei denjenigen, die keine Freude empfanden. Liebe und Glück sind demnach nachweisbare Kräfte, die wir ausstrahlen und mit denen wir die Welt beeinflussen. Wenn wir also von der Macht der Liebe sprechen, dann sprechen wir über eine reale Energie. Du kannst dich dafür entscheiden, diese Kraft in deinem Herzen, in deinem Geist und in deiner Seele zu stärken und über das Feld nach außen zu senden. Liebe, Mitgefühl und Licht sind die stärksten Mächte, die es gibt. Sie sind der Klebstoff, der das Universum zusammenhält, und sorgen dafür, dass die Menschen auf der Erde überleben. Die meisten von uns üben noch, zu lieben. Und genau dazu sind wir alle hier – auf der Erde und im Universum.

Übung
Setze oder lege dich an einen friedlichen Ort. Komme zur Ruhe, und entspanne dich. Atme ein paarmal tief ein und aus, und schließe deine Augen. Spüre in dein Herz und in deinen Herzraum in der Mitte deines Brustbeines hinein. Wie fühlt er sich an? Nimm wahr, wo dunkle Flecken und Schleier in dir sind, die dich daran hindern, Liebe zu empfangen und zu geben. Stelle dir nun vor, wie mit jedem Einatmen goldenes Licht (oder Licht in einer anderen Farbe, die dir gefällt) in dein Herz strömt und du mit jedem Ausatmen die dunklen Schleier lichtest. Wenn du möchtest, stelle dir außerdem vor, wie Sonnenstrahlen in dich und deinen Herzbereich fließen und alles reinigen. Atme so lange das goldene Licht ein und alles Negative aus, bis du spürst, wie dein Herz von selbst leuchtet. Lasse das Licht durch jede Zelle deines Körpers fließen und dich schließlich vollkommen einhüllen. Genieße diesen Zustand eine Weile. Wenn du bereit bist, zurückzukommen, öffne deine Augen. Nimm dieses Schutzlicht mit in deinen Alltag.

SEELENPARTNERSCHAFT

Du lebst die große Liebe.

Das Universum hat die Wünsche deines Herzens erhört und schenkt dir große Liebe! Wenn du dieses Kartenset in deinen Händen hältst, gehörst du wahrscheinlich zu den Menschen, die nach neuen, authentischen und liebevollen Wegen im Leben und in Beziehungen suchen. Dir ist möglicherweise bereits bewusst, dass du Licht und Liebe bist, ein Funke der großen Quelle. Wenn du deine alten Muster hinter dir lässt und dich selbst als das strahlende Wesen erkennst, das du bist, wird sich dein Leben automatisch verändern. Du wirst neue Möglichkeiten, Fülle und gelingende Beziehungen anziehen. Die Impulse des Lebens führen dich, damit dein Wunsch in Erfüllung geht und eine große Liebe in dein Leben tritt. Sie wird dein Herz vor Erregung und Leidenschaft höher schlagen lassen. Diese Partnerschaft fließt dir ganz natürlich zu. Du brauchst dir keine Sorgen zu machen, genieße den Weg, und der Himmel kümmert sich um die Details.

Wenn du in einer bestehenden Beziehung bist, treibt eine neue Welle der Liebe auf dich zu. Ob ein schöner Abend zu zweit, ein gemeinsames Wochenende, eine Reise – eure Liebe erblüht neu und wird noch tiefer. Dein Seelenpartner und du, ihr teilt ähnliche spirituelle Konzepte. Ihr seid und bleibt dafür offen, euch weiterzuentwickeln und Einsichten auch im Alltag umzusetzen. Romantik und Sinnlichkeit sind für euch wichtig, denn ihr versteht, dass beides die Liebe frisch hält, und ihr lebt sie auf eine verspielte, neugierige Art. Ihr respektiert einander und erkennt im anderen eine Spiegelung des Göttlichen. Jeder achtet auf seine Balance. Ihr kommuniziert authentisch und aus dem Herzen heraus.

Übung
Setze oder lege dich an einen friedlichen Ort. Komme zur Ruhe, und entspanne dich. Atme ein paarmal tief ein und aus, und schließe deine Augen. Stelle dir nun so detailliert wie möglich vor, wie sich deine Seelenpartnerschaft anfühlt – ob mit einem neuen oder deinem gegenwärtigen Partner. Spüre diese Beziehung ganz intensiv, damit du sie durch das Resonanzprinzip in dein Leben ziehen wirst. Komme zurück, sobald du bereit bist, öffne deine Augen, und zünde für deine Seelenliebe eine Kerze an.

SIRIANER

Führe dich selbst und andere
durch bewegte Zeiten.

Diese Seelengruppe stammt von den Planeten Sirius A und B. Sie gilt als Freiheits- und spirituelle Sucher. Manche Überlieferungen, unter anderem des Dogon-Stammes Afrikas, sagen, Sirius B sei als Wasserplanet die Heimat der Delfine, Wale und Merwesen. Sirianer kommen in der Mythologie unterschiedlichster Kulturen vor. Die alten Ägypter richteten die Pyramiden unter anderem auf das Sternbild Sirius aus und ordneten diesem Isis zu, die Göttin der Magie, Mutterschaft und Fruchtbarkeit. Sirianer gelten als Friedenswächter der Welt. Sie hüten über unsere Entwicklung und führen die Erde mit ihrem uralten Wissen und ihrer Entschlossenheit durch turbulente Zeiten. Sirianische Starseeds gelten als Heiler im Chaos, bereit, in Zeiten größter Not zu helfen. Sie sind nicht machthungrig und suchen selten Besitz, sondern legen Wert auf die persönliche Freiheit.

Daran erkennst du, ob du ein sirianischer Starseed bist:

Deine Berufung ist dir sehr wichtig. Du magst keine sozialen Klassifizierungen und Stereotypen. Du führst ein einfaches, aber spirituelles Leben und hast einen engen Freundes- und Beziehungskreis. Zu Tieren und der Natur fühlst du eine tiefe Liebe. Du denkst in Möglichkeiten, nicht in Problemen. Zudem bist du neugierig auf das Unbekannte und hast einen unstillbaren Wissensdurst.

Übung

Setze oder lege dich an einen friedlichen Ort. Komme zur Ruhe, entspanne dich. Atme ein paarmal tief ein und aus, und schließe deine Augen. Richte deinen inneren Blick in die Weite des Universums, in den Sternenhimmel. Bitte nun darum, mit sirianischen Sternenwesen oder Energien in Kontakt zu kommen, und frage diese, ob du einen sirianischen Hintergrund hast. Begrüße die Sternenwesen und Energien, die dir erscheinen. Wie fühlst du dich? Was nimmst du wahr? Erkundige dich, was zum jetzigen Zeitpunkt ihre Botschaft für dich ist. Welche Fähigkeiten und Qualitäten sollen in dir erweckt werden? Was sind deine nächsten Schritte? Beobachte, was geschieht. Wenn du etwas nicht verstehst, frage die Sternenwesen danach. Erlebe ihre Präsenz so lange, wie du möchtest. Wenn du bereit bist, zurückzukommen, bedanke dich bei den Sternenwesen und dem Kosmos. Lege deine Hände auf dein Herz, und richte deine Aufmerksamkeit auf deinen Körper. Komme wieder im Hier und Jetzt an, und öffne deine Augen.

STARGATE

Reise in andere Dimensionen.

Stargates sind Zugangspunkte zu Orten außerhalb unserer Welt. Die NASA untersucht seit Ende des 20. Jahrhunderts solche Sternentore zur Sonne, die sie als X-Punkte oder Elektronendiffusionsregionen bezeichnen. Das sind Bereiche, an denen sich das Magnetfeld der Erde mit dem Magnetfeld der Sonne verbindet. Um diese zu studieren, startete die NASA 2015 mit vier Satelliten die Mission MMS (Magnetospheric Multiscale Mission). Die Satelliten untersuchten in der Magnetosphäre der Erde mithilfe von Teilchendetektoren und Magnetsensoren die Stargates und deren Funktion. Sie beobachteten, dass sich diese magnetischen Portale jeden Tag Dutzende Male öffnen und schließen. Die meisten Portale sind klein und kurzlebig, einige jedoch sind riesig und nachhaltig. Durch diese Öffnungen können Tonnen von energiereichen Partikeln strömen, die die obere Atmosphäre der Erde erhitzen, geomagnetische Stürme entfachen und helle Polarlichter entzünden. Die NASA schließt aufgrund ihrer Forschung nicht aus, dass solche Stargates auch in anderen Bereichen des Kosmos existieren. Im Schamanismus wird bereits seit Jahrtausenden das Wissen über Sternentore als ein natürlicher und organischer Teil der Mechanik des Universums überliefert. Dabei werden die Stargates ähnlich beschrieben wie in den Studienresultaten der NASA, sie führen aber noch weiter als das, was unsere moderne Technik messen kann: Die Portale sind spiralförmige Zugänge zu Kanälen, die zwei oder mehr Orte, Dimensionen oder Zeitpunkte verbinden und das Reisen durch den gesamten Kosmos ermöglichen.

Übung

Setze oder lege dich an einen friedlichen Ort. Komme zur Ruhe, entspanne dich. Atme ein paarmal tief ein und aus, und schließe deine Augen. Visualisiere nun das Stargate auf dieser Karte, oder stelle dir ein anderes Portal vor. Nimm einen tiefen Atemzug, und durchschreite das Tor. Dahinter warten Inspiration und Impulse für neue Wege in deinem Leben. Nimm wahr, wie die fremde Umgebung auf dich wirkt. Siehst oder fühlst du etwas? Erlebe, wie du auf dieser inneren Reise zu neuen Wahrnehmungen und Erlebnissen getragen wirst. Analysiere nichts, sondern lasse einfach alles geschehen. Wenn du mit deiner Reise fertig bist, stelle dir vor, dass du durch das Sternentor wieder ins Hier und Jetzt zurückkehrst. Visualisiere, wie du in deinen Körper zurückkehrst, damit du wieder gut geerdet in der Gegenwart ankommst. Richte deine Aufmerksamkeit auf deinen Körper, und öffne deine Augen.

STERNENKIND

Du bist ein Kind des Himmels und der Erde.

Laut altem indigenem Wissen haben die Menschen auf der Erde einen Ursprung in den Sternen. Ein Sternenkind ist ein schönes, liebevolles und wohlwollendes Wesen, dessen Seele anderswo im Universum seine Heimat hatte, ob in einer fernen Galaxie oder anderen Dimension, in einem anderen System oder auf einem entlegenen Planeten. Es gibt viele Arten von Starseeds. Hawaii ist zum Beispiel eine von vielen Kulturen, die sagt, dass ihre Vorfahren aus der Urzeit von Mu – Lemurien – von der Sternengruppierung der Plejaden abstammen. Bist auch du ein Starseed, ein Sternenkind? Es ist hilfreich, die eigene Verbindung zu anderen Sternenzivilisationen zu erkennen. Denn in diesen alten Verbindungen ist viel Wissen gespeichert, das aktiviert werden kann.

Daran erkennst du, ob du ein Sternenkind bist:
Obwohl du den Planeten Erde magst, kommt er dir oft eigenartig, sogar fremd vor – als wärst du nicht von hier, sondern »von einem anderen Stern«. Du findest die hier herrschenden Strukturen der Gesellschaft und der Regierungen häufig primitiv und brutal. Du hast das Gefühl, auf der Erde zu sein, um ihre Bewohner dabei zu unterstützen, sich weiterzuentwickeln. Zudem bist du hochsensibel und intuitiv. Deine Träu-

me kommen dir real vor. Dich interessieren das Universum und die Sterne, es zieht dich dorthin. Du hast oft Heimweh, aber weißt nicht, nach welchem Ort.

Übung

Setze oder lege dich an einen friedlichen Ort. Komme zur Ruhe, entspanne dich. Atme ein paarmal tief ein und aus, und schließe deine Augen. Richte deinen Blick tief in dein Inneres, und lasse dich in dich hineinsinken. Nimm deine Seele wahr, deine Essenz. Erlebe, wie dein Inneres größer wird und du in dir die Weite des Universums spürst. Stelle dir nun folgende Fragen: Bin ich ein Sternenkind? Habe ich zu anderen Zeiten an anderen Orten im Kosmos gelebt? Kommen meine Ahnen von dort? Fühle, nimm wahr, ohne zu bewerten. Siehst du dich womöglich in einer anderen Epoche, einer anderen Welt oder Dimension? Nimmst du deine Sternenahnen wahr? Welche Talente und Fähigkeiten hattest du damals? Warum bist du jetzt auf der Erde? Begrüße die Sternenwesen und Energien, die dir erscheinen. Beobachte, was geschieht. Wenn etwas unklar ist, frage die Sternenwesen danach. Erlebe ihre Präsenz so lange, wie du möchtest. Wenn du bereit bist, zurückzukommen, bedanke dich bei den Sternenwesen und dem Kosmos. Lege deine Hände auf dein Herz, und richte deine Aufmerksamkeit auf deinen Körper. Komme wieder im Hier und Jetzt an, und öffne deine Augen.

STERNENKIND-ERWACHEN

Gehe den Weg deines Herzens.

Fragst du dich auch manchmal, ob es Außerirdische und Sternenwesen wirklich gibt? Möchtest du mehr darüber erfahren und erkennen, welche Bedeutung das Thema für dich und dein Leben hat? Warum es dich so fasziniert, auch wenn du es vielleicht sogar sonderbar findest?
Falls diese Fragen dich beschäftigen, befindest du dich wahrscheinlich im Sternenkinderwachen. Teil dieses intensiven Prozesses ist die Sehnsucht nach mehr, nach einem größeren Sinn des eigenen Lebens. Möglicherweise bist du unruhig und unzufrieden und hast einen tiefen Wunsch nach einer wahrhaftigen Verbindung mit deinem Sein. Bei der Suche nach deinem Lebenssinn zieht dich das Universum wie magisch an und gibt dir das Gefühl, dass du nicht nur einen Ursprung auf der Erde, sondern auch einen im Kosmos hast. Möglicherweise fühlst du dich auf der Erde sogar fremd, als wärst du auf dem falschen Planeten geboren. Vielleicht hast du Erinnerungen an frühere Leben, an fremde Orte, die du der Erde nicht zuordnen kannst. Zu wissen, wo deine Essenz geboren wurde, kann dir helfen, zu verstehen, was dich im Leben bewegt. Dadurch erfährst du deinen Seelensinn und, wofür du jetzt auf die Erde gekommen bist.

Übung

Setze oder lege dich an einen friedlichen Ort. Komme zur Ruhe, entspanne dich. Atme ein paarmal tief ein und aus, und schließe deine Augen. In dir gibt es den Ort deiner Bestimmung, wo du deinen Seelenplan findest. Fühle spontan und intuitiv, wo dieser Ort ist, und lege deine Hand dorthin. Liegt er in deinem Herzen? Oder in deinem Dritten Auge? Du allein weißt, wo du alle Informationen zu deinem einzigartigen Seelenweg finden kannst. Stelle dir nun vor, dass du winzig klein wirst und zu diesem Ort in dir reist. Nimm wahr, wie es dort aussieht, wie es sich anfühlt. Sieht es aus wie in der Natur, wie in der Stadt oder möglicherweise wie in einem anderen Universum? Gibt es dort auch Menschen oder andere Wesen? Was machst du dort? Erlebe, was geschieht und wie es sich für dich anfühlt. Sei offen für Bilder und Impulse, die dir erscheinen. Du kannst an dem Ort deiner Bestimmung auch Fragen stellen zu jedem Thema deines Lebens, das dich beschäftigt. Höre, sieh, fühle die Antworten. Nimm dir dafür so viel Zeit, wie du möchtest. Verlasse schließlich den Ort deines Seelenplans, und werde wieder groß. Bedanke dich bei dir selbst, und strecke dich. Komme in deiner Zeit wieder im Hier und Jetzt an, und öffne dann deine Augen.

STERNENSTAUB

Du bist aus dem Kosmos entstanden.

Hast du gewusst, dass pro Tag ca. 100 Tonnen Sternenstaub auf die Erde fallen? Das ist in etwa so viel wie das Gewicht von 2 großen Flugzeugen. Wo kommen diese kosmischen Partikel her? Es ist Staub von Meteoriten, Asteroiden, Kometen und anderen Milliarden von Jahren alten Objekten unseres Sonnensystems, der in die Erdatmosphäre fällt. Er ist unglaublich fein, ähnlich wie Rauchpartikel. Der Sternenstaub, der auf die Erde fällt, hilft unserer Umwelt durch die Bildung von Wolken in der Atmosphäre. Die enthaltenen Elemente sind beispielsweise wichtige Nährstoffe für das Plankton in der Antarktis. Nicht nur das: Wir Menschen bestehen auch aus Sternenstaub. Nahezu alle Elemente, aus denen sich der menschliche Körper zusammensetzt, wurden im Laufe von Milliarden von Jahren in den Sternen gebildet. Laut Wissenschaftlern ist es sogar wahrscheinlich, dass ein Teil unseres Wasserstoffs und des Lithiums, das unser Körper in geringen Spuren enthält, aus dem Urknall stammt. Wir sind aus dem Stoff des Kosmos gemacht.

Übung

Setze oder lege dich an einen friedlichen Ort. Komme zur Ruhe, entspanne dich. Atme ein paarmal tief ein und aus, und schließe deine Augen. Stelle dir nun vor, wie sanfter, reinigender Sternenstaub aus dem Universum auf dich herunterrieselt und dich reinigt. Die winzigen Partikel dieses kosmischen Staubs dringen durch die Decke des Raumes, in dem du dich befindest, säubern ihn und dich von allem, was du nicht mehr brauchst – auch wenn du nicht genau weißt, was das ist. Der Sternenstaub hat eine Farbe, die dir gefällt, eine Konsistenz, die du magst, eine Temperatur, die dir angenehm ist, und er riecht gut. Erlaube diesem kosmischen Regen, dich sanft zu berieseln und dich vollkommen zu reinigen. Alles, was dir nicht guttut, fließt ab in die Erde, wo es transformiert wird. Genieße diesen Moment, solange du möchtest. Wenn du bereit bist, zurückzukommen, lege deine Hände auf dein Herz und richte deine Aufmerksamkeit auf deinen Körper. Komme wieder im Hier und Jetzt an, und öffne deine Augen.

STERNENURSPRUNG

Erkenne deinen Ursprung.

Was seit jeher altes schamanisches Wissen ist, darauf stellt sich seit Anfang des 21. Jahrhunderts auch die breitere Welt ein: Sternenwesen existieren. Um 2010 fand eine Reihe globaler Konferenzen zum Thema außerirdischen Lebens und der möglichen Folgen für uns statt. Von der Royal Society of London über das Wirtschaftsforum »Global Competitiveness Forum« bis hin zum Vatikan und der Päpstlichen Akademie der Wissenschaften – alle suchen nach Antworten über den Ursprung und den Sinn des Lebens. Der Blick nach außen ist ein Spiegel des Blickes nach innen – der Suche nach einem Verständnis des eigenen Selbst und des Lebens an sich, eingebettet in das große Ganze. Das haben die schamanischen Kulturen seit jeher verstanden und für diese menschliche Suche verschiedene Methoden gelehrt. Zentrum ihrer Lehren war, zu erfahren, wo unsere Essenz geboren wurde, ob auf diesem Planeten oder anderswo im Universum. Das Wissen darum hilft, unseren Seelenplan auf der Erde zu erkennen.

Übung

Setze oder lege dich an einen friedlichen Ort. Komme zur Ruhe, entspanne dich. Atme ein paarmal tief ein und aus, und schließe deine Augen. Richte dei-

nen inneren Blick in die Weite des Universums. Bitte dein Höheres Selbst darum, dich zum Ort deines Ursprungs im Universum zu bringen. Das kann die Erde sein oder ein anderer Planet. Möglicherweise bist du sogar schon dort, oder du brauchst noch etwas Zeit, um dort anzukommen. Nimm deine Umgebung wahr. Wie sieht es aus, wie fühlt es sich an? Kennst du den Namen des Ortes, an dem du dich befindest? Was sind seine Qualitäten? Welche Sternenwesen sind hier heimisch? Nimm als Nächstes Kontakt mit deiner ursprünglichen Familie auf. Aus ihr ist deine Lebensessenz als erste Inkarnation entstanden. Erinnere dich, sieh, fühle, frage alles, was du wissen möchtest. Dieser Ort ist der Ursprung deiner Essenz. Was ist deine reine Essenz? Weshalb bist du zu dieser Zeit auf der Erde? Welche Fähigkeiten und Qualitäten der vergangenen Zeiten sollen in dir erweckt werden? Was sind deine nächsten Schritte? Fühle tief in dich hinein, und beobachte, was geschieht. Erlebe deine Sternenheimat so lange, wie du möchtest. Wenn du bereit bist, zurückzukommen, bedanke dich bei deiner ursprünglichen Sternenfamilie und dem Ort, an dem deine Essenz geboren wurde. Lege deine Hände auf dein Herz, und richte deine Aufmerksamkeit auf deinen Körper. Komme wieder im Hier und Jetzt an, und öffne deine Augen.

STERNENVÖLKER

Lasse dir von den Sternen helfen.

Wir sind nicht allein im Universum. Im Schamanismus spricht man von Mutter Erde, Vater Sonne, Großmutter Mond und unseren Schwestern und Brüdern im Universum, den Sternenvölkern. Informationen über die Sterne und unsere kosmischen Verwandten sind seit Urzeiten tief im schamanischen und indigenen Wissen verankert. So ist etwa in den alten Indianerkulturen Nord- und Südamerikas von 12 Planeten mit menschenähnlichem Leben in anderen Sonnensystemen die Rede. Zudem werden 144 Paralleluniversen beschrieben.

Eine Studie der NASA schätzt, dass es bis zu 10 Milliarden erdähnliche Planeten in unserer Galaxie gibt. Knapp 5.000 dieser Exoplaneten wurden mittlerweile entdeckt, und die Forscher gehen mit einer Wahrscheinlichkeit von 95% davon aus, dass sich ein solcher Planet sogar in einer Distanz von nur rund 4 Lichtjahren von unserer Sonne befindet. Es gibt beseelte Wesen in anderen Welten, und durch das Wunder des Lebens sind wir mit ihnen verbunden.

Übung

Setze oder lege dich an einen friedlichen Ort. Komme zur Ruhe, entspanne dich. Atme ein paarmal tief ein und aus, und schließe deine Augen. Visualisiere in deinem Inneren die endlose Weite der Sterne. Stelle dir vor, wie ein rosafarbener, heller Lichtstrahl von den Sternen und dem Himmel wie ein sanfter Frühlingsregen zu dir herunterströmt. Er trägt mit sich, was dir jetzt guttut. Fühle, wie diese Energie warm und freundlich über deinen Scheitel in dich hereinfließt und du dich entspannst. Verbinde dich mit einer Sternenenergie, mit Sternenwesen, die dich positiv begleiten. Nimm sie wahr und begrüße sie, wenn sie da sind. Beobachte, was geschieht. Wenn du etwas nicht verstehst, frage die Sternenwesen danach. Erlebe ihre Präsenz so lange, wie du möchtest. Wenn du bereit bist, zurückzukommen, bedanke dich bei den Sternenwesen und dem Universum. Lege deine Hände auf dein Herz, und richte deine Aufmerksamkeit auf deinen Körper. Komme wieder im Hier und Jetzt an, und öffne deine Augen.

TELEPATHIE

Du bist verbunden mit allem Leben auf Erden und im Universum.

Verschiedene wissenschaftliche Studien, etwa von der renommierten Harvard-Universität, erklären, dass telepathische Kommunikation möglich ist. Führt man diese Ergebnisse einen Schritt weiter, sollte Gedankenübertragung auch mit Sternenwesen von anderen Welten möglich sein. Seit Beginn der Menschheit gibt es unzählige Berichte darüber, wie Erdenbewohner Botschaften aus dem Kosmos erhielten. Auch heutzutage scheint eine der Hauptkommunikationsarten mit Sternenwesen auf telepathischer Ebene stattzufinden. Wie ist das möglich? Quantenphysiker berichten von Gedankenübertragung über sogenannte Quantenwellen und -felder. Die telepathische Kommunikation geschieht dabei auf gigantische Entfernungen augenblicklich, findet also sogar schneller als mit Lichtgeschwindigkeit statt. Als die universelle Sprache dient bei Telepathie die Geometrie: Jedes natürliche Wachstums- oder Bewegungsmuster baut auf einer oder mehreren geometrischen Formen auf. Die Moleküle unserer DNS, die Hornhaut unserer Augen, Schneeflocken, Blütenblätter, Luft, Sterne, Galaxien und alle Lebensformen werden aus geometrischen Codes erschaffen. Auch gedankliche Quantenwellen bestehen aus geometrischen Mustern und Symbolen.

Jedes Wesen im Universum kann sie entziffern und in seine jeweilige Sprache übersetzen. Das verstanden schon die Maya oder die Ägypter, die diese Art der universellen Sternensprache mit geometrischen Symbolen benutzten, etwa mit der Blume des Lebens oder dem Pentagramm. Alle Wesen im Universum können auf telepathische Weise miteinander kommunizieren – wenn sie sich dafür öffnen, es zulassen und es praktizieren.

Übung

Setze oder lege dich an einen friedlichen Ort. Komme zur Ruhe, entspanne dich. Atme ein paarmal tief ein und aus, und schließe deine Augen. Um mit einem Sternenwesen telepathisch zu kommunizieren, stelle dich vor: Sage deinen Namen, wo du herkommst und dass du dich gern mit einem Sternenwesen austauschen möchtest. Sprich leise oder laut, wie es sich für dich kraftvoller anfühlt. Erkläre, weshalb du kommunizieren möchtest. Öffne dich für die Begegnung. Vielleicht werden jetzt schon innere Erlebnisse und Bilder in dir auftauchen. Antworte, und höre zu. Lasse den Austausch so lange fließen, wie du möchtest. Wenn du bereit bist, zurückzukommen, bedanke dich bei den Sternenwesen und dem Kosmos. Lege deine Hände auf dein Herz, und richte deine Aufmerksamkeit auf deinen Körper. Komme wieder im Hier und Jetzt an, und öffne deine Augen.

UNIVERSUM

Öffne dich für die unendliche Weite des Lebens.

Sie ist ein großes Mysterium: unsere Existenz, die unserer Welt und die der Sterne und des Alls. Im Schamanismus nennt man dieses Wunder das »Große Geheimnis«. Es ist das, was keiner jemals begreifen wird. Das, woher wir kommen, und das, wohin wir eines Tages wieder zurückkehren werden – die Quelle und der Ursprung von einfach allem, was ist. Wir gehören zu diesem einzigartigen Abenteuer, das wir Leben nennen, dazu. Insbesondere bei Neumond kannst du am nächtlichen Himmel milliardenfaches Gefunkel in endloser Weite wahrnehmen. Allein in unserer Galaxie gibt es 100 bis 400 Milliarden Sterne. Darüber hinaus soll es nach derzeitigem Wissensstand 50 Milliarden Galaxien geben – alle mit ebenso vielen Sternen. Unvorstellbar viele! Mit dem Verstand kann man diese Zahlen nicht erfassen. Öffne dich für die Weite des Universums, und genieße dein Leben.

Übung

Setze oder lege dich an einen friedlichen Ort. Komme zur Ruhe, entspanne dich. Atme ein paarmal tief ein und aus, und schließe deine Augen. Richte deinen inneren Blick nach oben, in die Weite des Himmels, des Universums. Nimm die unendliche Größe wahr, die wir niemals mit unserem Verstand begreifen können, sondern nur mit der Weite unserer Seele. Visualisiere funkelnde Sterne, vielleicht sogar ferne Galaxien. Atme diese Unendlichkeit mit einem tiefen Atemzug ein, und atme diese grandiose Energie mit der Aufmerksamkeit auf deinen Nabel aus. Nimm wahr, wie sich dein Körper anfühlt und was sich dabei verändert. Wenn du dich genug aufgeladen hast, lege deine Hände auf deinen Bauch und richte deine Aufmerksamkeit auf deinen Körper. Komme wieder im Hier und Jetzt an, und öffne deine Augen.

VORTEX

Die Erde hilft dir, deine nächsten Schritte zu erkennen.

Vortexfelder sind Zentren mit einer besonders hohen Konzentration von Energie. Man findet sie zum Beispiel an Kreuzungen von Wasseradern. Sie wirken positiv auf den Menschen und fördern Heilung, Meditation und die Entwicklung der Seele. Viele fühlen sich nach dem Besuch eines solches Kraftplatzes inspiriert und aufgeladen. Laut dem alten schamanischen Wissen sind manche dieser Vortexfelder gleichzeitig Portale zu den Verbindungssystemen des Kosmos, sogenannte Stargates. Häufig wurden an diesen Orten besondere Strukturen – ausgerichtet nach den Sternen und Zyklen der Tagundnachtgleiche – erbaut, zum Beispiel Stonehenge in England, die ägyptischen Pyramiden oder Machu Picchu in Peru. Aber es gibt auch andere Vortexfelder, die reine Naturplätze geblieben sind, etwa Sedona (USA), das Bermudadreieck (Atlantik) oder der Mount Wai'ale'ale in Hawaii. Auf der ganzen Welt sind solche Felder zu finden, an denen wir etwas über unseren Platz und Sinn im Leben erfahren können. Sie bringen ein Stück des Universums und des Himmels auf die Erde. Es sind Tore in die unsichtbare Geistwelt, und sie zeigen die Verbundenheit allen Lebens auf Erden und im Universum auf. Wenn wir an einem Vortex meditieren, laden wir uns mit kosmischer Energie auf. Wir erfahren, wo wir gerade stehen, wohin wir gehen und was unsere nächsten Schritte sein werden.

Übung

Begib dich in die Natur, denn dort begegnet dir der Strom des Lebens, die reine Lebenskraft. Lasse dich von deiner Intuition an einen Platz führen, der dir gefällt und an dem du dich besonders wohlfühlst. Setze dich dorthin, und lasse alles auf dich wirken. Versuche, herauszufinden, warum dir gerade dieser Ort so gut gefällt. Liegt es vielleicht an einem besonderen Baum oder an dem Spiel von Licht und Schatten? Gibt es hier vielleicht einen murmelnden Bach oder singende Vögel? Stelle dich nun der Natur vor, und sprich aus, was du an deinem Wohlfühlplatz besonders magst. Sage zum Beispiel zum Baum, dass du ihn besonders schön findest und dich bei ihm wohlfühlst. Bitte ihn, seine Kraft mit dir zu teilen und von ihm tiefere Einsichten zu erhalten. Du kannst alles, was dich beschäftigt, erfragen. Warte auf die Antworten. Achte auch darauf, was du dabei empfindest. Verweile so lange in der Verbindung, wie du Energie fließen spürst, und genieße es. Wenn du das Gefühl hast, dass du genug aufgeladen bist, bedanke dich mit einem Lied, etwas Obst oder einer anderen kleinen Aufmerksamkeit, und verabschiede dich von diesem Kraftort.

ZEITREISEN

Reise durch Raum und Zeit.

Je nachdem, auf welche Stelle im Universum wir unsere Aufmerksamkeit richten, vergeht die Zeit mit einer anderen Geschwindigkeit. Für eine Sonnenumrundung braucht etwa Pluto 248 Erdenjahre, und ein Saturnjahr dauert 29 irdische Jahre. Wenn man in einem Raumschiff mit Lichtgeschwindigkeit die Erdatmosphäre verlässt, vergeht die Zeit darin langsamer als auf der Erde. Ist man in diesem Raumschiff 50 Jahre lang unterwegs, vergehen auf der Erde währenddessen 420.000 Jahre – basierend auf Einsteins Relativitätstheorie, in der Zeit und Raum miteinander verwoben sind. Durch die Raumzeitkrümmung könnte die Anreise aus fernen Galaxien über weite Distanzen hinweg tatsächlich möglich sein. Jahrzehnte nach der Veröffentlichung der Relativitätstheorie hat die NASA Einsteins Berechnungen bestätigt und hält Zeitreisen theoretisch für möglich – unter Berücksichtigung des Aufenthaltsortes im Universum, einer entsprechend unterschiedlichen Zeitwahrnehmung und kombiniert mit dem Phänomen, dass die Zeit in sich bewegenden Körpern umso langsamer vergeht, je näher das Tempo an die Lichtgeschwindigkeit herankommt. Du bist ein Geistwesen in physischer Form, und mit dem Licht kannst auch du durch Raum und Zeit reisen. Licht ist der Wegweiser durch dein Leben.

Übung

Setze oder lege dich an einen friedlichen Ort. Komme zur Ruhe, entspanne dich. Atme ein paarmal tief ein und aus, und schließe deine Augen. Du wirst nun eine Reise in die Zukunft machen, um deine Blockaden im Hier und Jetzt aufzulösen. Visualisiere einen Lichtstrahl in einer Farbe, die dir angenehm ist. Dieser wird dich nun ian einen Ort und in eine Zeit führen, an dem und während der es dir nicht gut gehen wird. Deine ungelösten Themen im Hier und Jetzt haben dazu geführt, dass es später diese Schwierigkeiten gibt. Beobachte die Umstände. Ändere nun in der Zukunft, die du auf dieser Zeitreise siehst, deine Handlungen und deine Situation so, dass es dir gut geht. Du arbeitest dabei in der Matrix, die immer zugänglich ist. Beobachte, wie deine Lebenssituation dich nun glücklich und zufrieden macht. Dass du in der Zukunft das Schwierige aufgelöst und mit Leichtem ersetzt hast, wirkt auch in die Gegenwart. Es löst deine Blockaden im Hier und Jetzt. Komme nun zurück in die Gegenwart, und nimm wahr, was sich jetzt anders anfühlt, was du neu wahrnimmst, welche Impulse du für deine nächsten Schritte erhältst. Nimm dir so viel Zeit, wie du möchtest. Wenn du so weit bist, richte deine Aufmerksamkeit auf deinen Körper. Komme wieder im Hier und Jetzt an, und öffne deine Augen.

DANKSAGUNG

Ich möchte der Künstlerin Petra Kühne für ihre wunderbaren Bilder danken, durch die sie die Sternenwelten sichtbar gemacht hat. Es ist bereits unser zweites gemeinsames Kartenset (»Schamanische Seelenweisheit« ist unser vorheriges), und es war mir wieder eine große Freude und Inspiration, mit ihr zu arbeiten.

Danken möchte ich auch meinen Verlegern Heidi und Markus Schirner. Bereits vor über 10 Jahren habe ich ihnen das erste Mal von dem Sternenwissen erzählt. Schon damals haben sie signalisiert, dass sie für dieses Thema offen sind ... und nun ist es endlich so weit!

ÜBER DIE AUTORIN

Lisa Biritz reiste um die ganze Welt und erlernte die von der WHO anerkannte schamanische Arbeit sowohl nach Sandra Ingerman (Kern-Schamanismus), nach Sun Bear sowie nach dem hawaiianischen Huna. Die erfolgreiche Autorin lebt mir ihrer Familie in Österreich und auf Hawaii.

Beiderorts bietet sie Seminare an, in Hawaii zudem Begegnungen mit frei lebenden Delfinen und Walen.

www.LisaRainbow.com

ÜBER DIE KÜNSTLERIN

Schon als Kind malte Petra Kühne sich in ihre eigene kleine Welt, umgeben von der Schönheit der Natur. Kunst war ihr Refugium, während sie Soziologie studierte und in verschiedenen Verlagen arbeitete. Als sie begann, für Chuck Spezzano Kartensets zu illustrieren und sich ihre Bilder immer mehr in der Welt verbreiteten, begriff sie diese gemalten Seelenlandschaften als innere, archetypische Wirklichkeiten, die sie mit allen Menschen teilt. Irgendwann widmete sie sich ganz ihrer Berufung, als freiberufliche Illustratorin das geschriebene Wort in ihrem Atelier »Traumwelt« in Kunstwerke zu übersetzen.

www.petralefaye.de